Die Neuordnung des Vergaberechtsschutzes
unterhalb der EU-Auftragsschwellenwerte –
ein Modell de lege ferenda

Europäische Hochschulschriften

Publications Universitaires Européennes

European University Studies

Reihe II

Rechtswissenschaft

Série II Series II

Droit

Law

Bd./Vol. 3165

PETER LANG

Frankfurt am Main · Berlin · Bern · Bruxelles · New York · Oxford · Wien

Matthias Krist

Die Neuordnung des Vergaberechtsschutzes unterhalb der EU-Auftragsschwellenwerte – ein Modell de lege ferenda

zugleich: eine kritische Auseinandersetzung mit dem kartellrechtlichen Vergaberechtsschutz

PETER LANG
Europäischer Verlag der Wissenschaften

Die Deutsche Bibliothek - CIP-Einheitsaufnahme

Krist, Matthias:

Die Neuordnung des Vergaberechtsschutzes unterhalb der EU-Auftragsschwellenwerte – ein Modell de lege ferenda / zugleich : eine kritische Auseinandersetzung mit dem kartellrechtlichen Vergaberechtsschutz / Matthias Krist. - Frankfurt am Main ; Berlin ; Bern ; Bruxelles ; New York ; Oxford ; Wien : Lang, 2001
(Europäische Hochschulschriften : Reihe 2, Rechtswissenschaft ; Bd. 3165)
Zugl.: Köln, Univ., Diss., 2000
ISBN 3-631-37752-5

D 38
ISSN 0531-7312
ISBN 3-631-37752-5

www.peterlang.de

Vorwort des Verfassers

Die vorliegende Arbeit wurde im Wintersemester 2000/2001 von der juristischen Fakultät der Universität zu Köln als Dissertation angenommen. Sie berücksichtigt Gesetzgebung, Literatur und Rechtsprechung bis Anfang Mai 2000.

In Herrn Prof. Dr. Jürgen F. Baur habe ich einen gleichermaßen fordernden wie fördernden Doktorvater gefunden, dem es in seiner einmalig ruhigen Art problemlos gelungen ist, mich wegen der besonderen Aktualität des Themas zu zeitnahen Arbeitsergebnissen zu führen. Ihm bin ich sehr verbunden.

Herrn Prof. Dr. Peter J. Tettinger danke ich für die zügige Erstellung des Zweitgutachtens, den Mitarbeitern des juristischen Dekanats der Universität zu Köln für die immer freundliche und zuvorkommende Promotionssachbearbeitung.

Ein Wort des Dankes richte ich auch an meine Sozien. Sie haben mich in Zeiten großer Arbeitsbelastungen still getragen. Insbesondere Herr Rechtsanwalt Dr. Martini hat es verstanden, mich unablässig anzuspornen.

Tief empfundener Dank gilt meiner lieben Frau Michaela, die voller Verständnis für die bisweilen sehr knapp gewordene freie Zeit war, und die mich in großer Beständigkeit ermuntert hat, die Bearbeitung der Dissertation voranzutreiben. Sie war mir von Anfang an eine große Hilfe.

Schließlich danke ich von Herzen meinen Eltern, die den Grundstein für dieses Promotionsvorhaben schon vor vielen Jahren gelegt und mich auf meinem Weg zu jeder Zeit bedingungslos unterstützt haben, so wie dies nur Eltern zu tun vermögen. Ihnen, meiner Frau und meinem kleinen Sohn Elias widme ich diese Arbeit.

Koblenz, im Februar 2001

Gliederung:

Literaturverzeichnis:

Bauer, Hartmut
Altes und Neues zur Schutznormtheorie, in: AöR Band 113, Tübingen 1988

Bechtold, Rainer
Kartellgesetz – Gesetz gegen Wettbewerbsbeschränkungen, 2. Auflage, München1999

Boesen, Arnold
Der Rechtsschutz des Bieters bei der Vergabe öffentlicher Aufträge, NJW 1997, S. 345 (zitiert: Boesen, Rechtsschutz des Bieters)

Boesen, Arnold
Die Gerichtsqualität der Vergabeüberwachungsausschüsse i. S. d. Art. 177 EGV, EuZW 1996, S. 583 (zitiert: Boesen, Vergabeüberwachungsausschüsse)

Boesen, Arnold
EG–Vergaberecht – Konsolidierte Fassung der EG-Richtlinien, Textsammlung mit erläuternder Einführung, Stand: Juli 1998, Köln 1998 (zitiert: Boesen, EG-VgR)

Braun, Joachim
Nachprüfung der Vergabe öffentlicher Aufträge, BB 1999, S. 1069

Broß, Siegfried
Ausgewählte Probleme des Vergabewesens der öffentlichen Hand, Verwaltungsarchiv Band 84, Köln/Berlin/Bonn/München 1993, S. 395
(zitiert: Broß, Ausgewählte Probleme)

Broß, Siegfried
Das Vergabewesen der öffentlichen Hand im Spannungsfeld des Europäischen Rechts – eine Zwischenbilanz, Verwaltungsarchiv Band 88, Köln/Berlin/ Bonn/ München 1997, S. 521 (zitiert: Broß, Vergabewesen)

Bühler, Ottmar
Die subjektiven öffentlichen Rechte und ihr Schutz in der deutschen Verwaltungsrechtsprechung, 1. Auflage, Berlin/Stuttgart/Leipzig 1914

Byok, Jan
Das neue Vergaberecht, NJW 1998, S. 2774

Carl, Dieter
Europäische Normen für das öffentliche Auftragswesen, EuZW 1994, S. 173

Daub, Walter; Eberstein, Hans Hermann
Kommentar zur VOL/A, Teil A – Allgemeine Bestimmungen für die Vergabe von Leistungen, 4. Auflage, Düsseldorf 1998

Dreher, Meinrad
Der Anwendungsbereich des Kartellvergaberechts, DB 1998, S. 2579 (zitiert: Dreher, Anwendungsbereich)

Dreher, Meinrad
Der Rechtsschutz bei Vergabeverstößen nach „Umsetzung" der EG-Vergaberichtlinien, ZIP 1995, S. 1869 (zitiert: Dreher, Rechtsschutz bei Vergabeverstößen)

Dreher, Meinrad
Die Neugestaltung des Vergaberechtsschutzes, NVwZ 1997, S. 343 (zitiert: Dreher, Neugestaltung)

Dreher, Meinrad
Die Rechtsprechung der europäischen Gerichte zum Vergaberecht im Jahre 1996, VergabeRecht Nr. 4/1997, S. 33 (zitiert: Dreher, Rechtsprechung der europäischen Gerichte)

Dreher, Meinrad
Die Zukunft des untergesetzlichen Vergaberechts – Zur Neuordnung von Vergabeverordnung und Verdingungsordnungen, NVwZ 1999, S. 1265 (zitiert: Dreher, Zukunft des Vergaberechts)

Dreher, Meinrad
Perspektiven eines europa- und verfassungsrechtskonformen Vergaberechtsschutzes – Konsequenzen des EuGH-Urteils vom 11.8.1995 für das deutsche vergaberechtliche Nachprüfungsverfahren, NVwZ 1996, S. 345 (zitiert: Dreher, Perspektiven)

Dreier, Horst (Hrsg.)
Grundgesetz-Kommentar, Band II (Art. 20 – 82 GG), 1. Auflage, Tübingen 1988

Drey, Franz
Bundesrat: „Nochmals überdenken !" – Zahlreiche Änderungsvorschläge zum VgRÄG-Entwurf, VergabeRecht Nr. 6/1997, S. 13

Drügemöller, Albert
Vergaberecht und Rechtsschutz – Der inter- und supranationale Rahmen und seine Ausgestaltung in Deutschland, 1. Auflage, Berlin/Heidelberg 1999

Eggenberger, Edmund
Auch Vergaben unter den EU-Schwellenwerten einbeziehen, VergabeRecht Nr. 1/1997, S. 15

Erdl, Cornelia
Der neue Vergaberechtsschutz – Das deutsche Recht im europäischen Kontext, 1. Auflage, Berlin 1998 (zitiert: Erdl, Der neue Vergaberechtsschutz)

Erdl, Cornelia
Neues Vergaberecht: Effektiver Rechtsschutz und Vorab-Informationspflicht des Auftraggebers, Baurecht 1999, S. 1341 (zitiert: Erdl, Neues Vergaberecht)

Faber, Angela
Drittschutz bei der Vergabe öffentlicher Aufträge, DÖV 1995, S. 403

Fischer, Hans Georg; Noch, Rainer
Entscheidungssammlung europäisches Vergaberecht – Sammlung von Entscheidungen des EuGH, deutscher Gerichte und Vergabeüberwachungsausschüsse zum Recht der Europäischen Gemeinschaft über die Vergabe öffentlicher Aufträge einschließlich des hierzu ergangenen deutschen Rechts, Loseblatt, Neuwied und Kriftel 1999 (zitiert: Entscheidungsnummer in EVgRE)

Groeben, Hans von der; Thiesing, Jochen; Ehlermann, Claus-Dieter (Hrsg.)
Kommentar zum EU-/EG-Vertrag, Band 4 (Art. 137 – 209 a EGV), 5. Auflage, Baden-Baden 1997 (zitiert: Bearbeiter in Groeben/Thiesing/Ehlermann)

Gröning, Jochem
Das Beschwerdeverfahren im neuen Vergaberecht, ZIP 1999, S. 181 (zitiert: Gröning, Beschwerdeverfahren)

Gröning, Jochem
Das deutsche Vergaberecht nach dem Urteil des EuGH vom 28. Oktober 1999 – Alcatel Austria AG u.a., WRP 2000, S. 49 (zitiert: Gröning, Deutsches Vergaberecht)

Gröning, Jochem
Die Grundlagen des neuen Vergaberechtsschutzes, ZIP 1999, S. 52 (zitiert: Gröning, Grundlagen)

Gröning, Jochem
Rechtsschutzqualtität und Verfahrensbeschleunigung im Entwurf für ein Vergaberechtsänderungsgesetz, ZIP 1998, S. 370 (zitiert: Gröning, Rechtsschutzqualität und Verfahrensbeschleunigung)

Grupp, Klaus
Die Stellung der Rechnungshöfe in der Bundesrepublik Deutschland unter besonderer Berücksichtigung der historischen Entwicklung der Rechnungsprüfung, Schriften zum öffentlichen Recht, Band 201, Berlin 1972

Hailbronner, Kay
Möglichkeiten einer Begrenzung gerichtlichen Rechtsschutzes auf die Beachtung bzw. Einhaltung EG-Rechtlicher Vergaberegeln zum Schutz von Unternehmen im Recht der Vergabe öffentlicher Aufträge – Gutachten im Auftrag des Bundesministeriums für Wirtschaft, Anlage 1 zur Gesetzesbegründung der Bundesregierung nach BT-Drucksache 13/9340 vom 03. Dezember 1997

Haß, Detlef
Das Recht des öffentlichen Auftragswesens nach der Umsetzung des Europäischen Vergabe-Rechts – Ausschreibungspflichten und Rechtsschutz, BRAK-Mitteilungen 1995, S. 113

Hesse, Konrad
Grundzüge des Verfassungsrechts der Bundesrepublik Deutschland, 20. Auflage, Heidelberg 1995

Ingenstau, Heinz; Korbion, Hermann
VOB-Kommentar, 13. Auflage, Düsseldorf 1996

Isensee, Josef; Kirchhof, Paul
Handbuch des Staatsrechts, Band VII, 1. Auflage, Heidelberg 1992 (zitiert: Bearbeiter in: Isensee/ Kirchhof, HStR)

Jasper, Ute
Das Vergaberechtsänderungsgesetz, DB 1998, S. 2151

Jestaedt, Thomas; Kemper, Klaus; Marx, Wilhelm; Prieß, Hans-Joachim
Das Recht der Auftragsvergabe – Auftraggeber, ausschreibungspflichtige Aufträge, Vergabeverfahren, Sektoren, Rechtsschutz, Neuwied/Kriftel 1999 (zitiert: Bearbeiter in: Jestaedt/Kemper/ Marx/Prieß)

Karenfort, Jörg; Koppenfels, Ulrich von; Siebert, Stefan
„Tariftreueregelungen" bei der Vergabe öffentlicher Aufträge – vereinbar mit deutschem Kartellrecht und Europarecht ?, BB 1999, S. 1825

Kissel, Otto Rudolf
Gerichtsverfassungsgesetz, 2. Auflage, München 1994

Knack, Hans Joachim
Verwaltungsverfahrensgesetz, 6. Auflage, Köln/Berlin/Bonn/München 1998 (zitiert: Bearbeiter in: Knack)

Kopp, Ferdinand; Schenke, Wolf-Rüdiger
Verwaltungsgerichtsordnung, 11. Auflage, München 1998

Leinemann, Rolf; Weihrauch, Oliver
Die Vergabe öffentlicher Aufträge –VOB/A, VOL/A und VOF; Nachprüfung von Vergabeverfahren; Vergabestrafrecht; Ordnungswidrigkeiten, 1. Auflage, Köln/Berlin/Bonn/München 1999

Lötzsch, Markus; Bornheim, Helmerich
Zivilrechtliche Rechtsfolgen bei Nichtbeachtung der neuen Vergabevorschriften der VOB/A durch private Auftraggeber, NJW 1995, S. 2134

Matthey, Philip
Die Renaissance des Vergaberechts, in: Beiträge zum deutschen und europäischen Energierecht – Varia, Festschrift für Jürgen F. Baur, Köln 1997

Maunz, Theodor; Dürig, Günter; Herzog, Roman; Scholz, Rupert
Grundgesetz-Kommentar (zitiert: Bearbeiter in: Maunz/Dürig/Herzog,/Scholz), Loseblatt, Stand: 1999

Meibom, Wolfgang von; Byok, Jan
Anmerkung zur Notwendigkeit eines Vergabegesetzes in Deutschland, EuZW 1995, S. 629

Menzel, Eberhard
Der staatsrechtliche Standort der Finanzkontrolle in der Bundesrepublik und im Ausland, DÖV 1968, S. 593

Münch, Ingo von (Hrsg.)
Grundgesetz-Kommentar, Band 3 (Art. 70 – 146), 1. Auflage, München 1978 (zitiert: Bearbeiter in: von Münch)

Nicolaysen, Gert
Ein Binnenmarkt für öffentliche Aufträge – das Ende für VOB und VOL ?, in: Baur/ Müller-Graff/Zuleeg (Hrsg.), Festschrift für Bodo Börner, Köln/Berlin/Bonn/ München 1992

Patzig, Werner
Haushaltsrecht des Bundes und der Länder, Band II, Loseblatt, Stand: 8. Lieferung, Baden-Baden 1991

Pietzcker, Jost
Änderungen des Rechtsschutzes bei der Auftragsvergabe, in: Bender/Breuer/ Ossenbühl/Sendler (Hrsg.), Rechtsstaat zwischen Sozialgestaltung und Rechtsschutz, Festschrift für Konrad Redeker, München 1993 (zitiert: Pietzcker, Änderungen des Rechtsschutzes)

Pietzcker, Jost
Die neue Gestalt des Vergaberechts, ZHR 162 (1998), S. 427 (zitiert: Pietzcker, Die neue Gestalt)

Pietzcker, Jost
Rechtsschutz bei der Vergabe öffentlicher Aufträge, NVwZ 1983, S. 121 (zitiert: Pietzcker, Rechtsschutz)

Redeker, Konrad; Oertzen, Hans-Joachim von; Redeker, Martin
Verwaltungsgerichtsordnung-Kommentar, 12. Auflage, Stuttgart/Berlin/Köln 1997

Riese, Christoph
Vergaberecht – Grundlagen – Verfahren – Rechtsschutz, 1. Auflage, Berlin/Heidelberg, 1998

Schäfer, Hans
Der Bundesrechnungshof im Verfassungsgefüge der Bundesrepublik, DÖV 1971, S. 542

Schmidt-Bleibtreu, Bruno; Klein, Franz
Kommentar zum Grundgesetz, 9. Auflage, Neuwied/Kriftel 1999

Schumacher, Friedrich Arndt
Rechtsschutz im öffentlichen Auftragswesen – Der Rechtsschutz bei der Vergabe öffentlicher Aufträge nach dem europäischen Gemeinschaftsrecht und dem deutschen Recht, 1. Auflage, Regensburg 1998

Stern, Klaus
Das Staatsrecht der Bundesrepublik Deutschland, Band II (Staatsorgane, Staatsfunktionen, Finanz- und Haushaltsverfassung, Notstandsverfassung), 1. Auflage, München 1980

Tiemann, Burkhard
Zur staatsrechtlichen Stellung und Funktion des Bundesrechnungshofes nach der Haushaltsreform, DVBl. 1970, S. 954

Ulbrich, Hans-Benno; Waldner, Thomas
Die vorläufige Sicherung des Anspruchs auf Einhaltung der Vergabebestimmungen – praktische Probleme aus Sicht anbietender Bauunternehmen, Baurecht 1999, S. 1082

Willenbruch, Klaus
Vorbeugender und vorläufiger Rechtsschutz nach dem Vergaberechtsänderungsgesetz (§§ 97 – 129 GWB), NVwZ 1999, S. 1062

Zöller, Richard
Zivilprozeßordnung, 20. Auflage, Köln 1997 (zitiert: Bearbeiter in: Zöller)

Abkürzungsverzeichnis:

a.a.O.	am angegebenen Ort
a. F.	alte Fassung
Amtl. Anz.	Amtlicher Anzeiger
AöR	Archiv des öffentlichen Rechts
BAnz.	Bundesanzeiger
BauGB	Baugesetzbuch
BayObLG	Bayerisches Oberstes Landgericht
BayVerfGH	Bayerischer Verfassungsgerichtshof
BB	Betriebsberater
BGBl.	Bundesgesetzblatt
BGH	Bundesgerichtshof
BGHZ	Entscheidungssammlung des Bundesgerichtshofs in Zivilsachen
BHO	Bundeshaushaltsordnung
BRAK	Bundesrechtsanwaltskammer
BKR	Baukoordinierungsrichtlinie
BR	Bundesrat
BRHG	Gesetz über den Bundesrechnungshof – Bundesrechnungshofgesetz –
BT	Bundestag
BVerfGE	Entscheidungssammlung des Bundesver fassungsgerichts –Bundesverfassungsgerichtsentscheidungen
BVerfGG	Gesetz über das Bundesverfassungsgericht – Bundesverfassungsgerichtsgesetz
bzw.	beziehungsweise

c.i.c.	culpa in contrahendo
DB	Der Betrieb
ders.	derselbe
dies.	dieselbe
DLR	Dienstleistungsrichtlinie
DÖV	Die öffentliche Verwaltung
DVBl.	Deutsches Verwaltungsblatt
EuGH	Europäischer Gerichtshof
EuZW	Europäische Zeitschrift für Wirtschaftsrecht
EVgRE	Entscheidungssammlung Europäisches Vergaberecht
f.	folgende
ff.	fortfolgende
FS	Festschrift
GemHVO	Gemeindehaushaltsverordnung
GG	Grundgesetz
GVBl.	Gesetz- und Verordnungsblatt
GVG	Gerichtsverfassungsgesetz
GWB	Gesetz gegen Wettbewerbsbeschränkungen
HGrG	Haushaltsgrundsätzegesetz
Hrsg.	Herausgeber
HStR	Handbuch des Staatsrechts
i. d. F.	in der Fassung
i. S. v.	im Sinne von

i. V. m.	in Verbindung mit
KG	Kammergericht
LG	Landgericht
LHO	Landeshaushaltsordnung
LKR	Lieferkoordinierungsrichtlinie
LRHG	Gesetz über den Landesrechnungshof – Landesrechnungshofgesetz
m. w. N.	mit weiteren Nachweisen
NJW	Neue Juristische Wochenschrift
NpV	Verordnung über die Nachprüfungsverfahren für öffentliche Aufträge – Nachprüfungsverordnung
Nr.	Nummer
NVwZ	Neue Zeitschrift für Verwaltungsrecht
NW	Nordrhein-Westfalen
NZBau	Neue Zeitschrift für Baurecht und Vergaberecht
OLG	Oberlandesgericht
RHG	Rechnungshofgesetz
RN	Randnummer
RP	Rheinland-Pfalz
s.	siehe
S.	Seite
SKR	Sektorenrichtlinie
Slg.	Sammlung (der Entscheidungen des Europäischen Gerichtshofs)

VgRÄG	Gesetz zur Änderung der Rechtgrundlagen für die Vergabe öffentlicher Aufträge – Vergaberechtsänderungsgesetz –
VgV	Verordnung über die Vergabebe-stimmungen für öffentliche Aufträge – Vergabeverordnung
VG	Verwaltungsgericht
VK	Vergabekammer
VOB	Verdingungsordnung für Bauleistungen
VOF	Verdingungsordnung für freiberufliche Leistungen
VOL	Verdingungsordnung für Leistungen–ausgenommen Bauleistungen
VÜA	Vergabeüberwachungsausschuß
VwGO	Verwaltungsgerichtsordnung
VwZG	Verwaltungszustellungsgesetz
WRP	Wettbewerb in Recht und Praxis
z. B.	zum Beispiel
ZHR	Zeitschrift für das gesamte Handelsrecht und Wirtschaftsrecht
ZIP	Zeitschrift für Wirtschaftsrecht
ZPO	Zivilprozeßordnung
ZVgR	Zeitschrift für deutsches und internationales Vergaberecht

Erster Teil:
Einführung in die Untersuchung

A. Überblick zur Entwicklung der Rechtsänderungen nach §§ 97 ff. GWB

I. Begriff und Grundlagen des Vergaberechts

1. Vorgaben des nationalen Rechts

Der Rechtsschutz des Bieters im Rahmen öffentlicher Auftragsvergabe hat zum 01. Januar 1999 eine durchgreifende Veränderung erfahren. Traditionell stellte das deutsche Vergaberecht einen besonderen Teil des öffentlichen Haushaltsrechts dar, welches in erster Linie das Ziel verfolgte und verfolgt, Haushaltsmittel ökonomisch einzusetzen und dergestalt dem (nach wie vor geltenden) Haushaltsgrundsatz der Wirtschaftlichkeit und Sparsamkeit der Haushaltsführung (vgl. etwa für den Bund § 6 Abs. 1 HGrG) optimal zu genügen.[1] Unter den Begriff des Vergaberechts lassen sich vor diesem Hintergrund die Gesamtheit der Regelungen fassen, die der öffentlichen Hand eine bestimmte Verfahrensweise bei dem Einkauf von Gütern und Dienstleistungen sowie bei der Erteilung von öffentlichen Aufträgen auf dem Markt vorschreiben und die dabei maßgeblichen Rechtsbeziehungen zum potentiellen Auftragnehmer ordnen.[2] Die gesetzlichen Vorgaben für die öffentliche Haushaltsführung, die u.a. die Verpflichtung enthalten, daß Beschaffungsmaßnahmen im Wettbewerb zu erfolgen haben (vgl. § 30 HGrG i.V.m. § 55 Abs. 1 BHO, § 55 LHO NW i.V.m. § 31 Abs. 1 GemHVO NW, § 55 LHO RP i.V.m. § 31 GemHVO RP), werden durch zahlreiche untergesetzliche Regelungen ergänzt und konkretisiert, so namentlich durch die sogenannten Verdingungsordnungen (VOB, VOL und VOF).[3] Mit diesem klassischen Verständnis des öffentlichen Vergaberechts korrespondierte bisher zwingend, daß aus den gesetzlichen und untergesetzlichen Regelungen über das öffentliche Beschaffungswesen und die öffentliche Auftragsvergabe keine subjektiven Rechte gleich welcher Zielrich-

[1] Faber, a.a.O., S. 403, 405; Pietzcker, Rechtsschutz, a.a.O., S. 121,122; ders., Änderungen des Rechtsschutzes, S. 503/504; Bechtold, a.a.O., vor § 97 RN 1; Byok, a.a.O., S. 2774
[2] vgl. dazu Marx in: Jestaedt/Kemper/Marx/Prieß, a.a.O., S. 1
[3] vgl. zur Entstehung und Zweckbestimmung der Verdingungsordnungen Nicolaysen, a.a.O., S. 345, 347

tung für den einzelnen Teilnehmer am Wettbewerb herzuleiten waren.[4] Denn wenn man davon ausgeht, daß das Recht der öffentlichen Auftragsvergabe integrierter Bestandteil des öffentlichen Haushaltsrechts ist, so ist der Ausschluß subjektiver Rechte im Vergabeverfahren gewiß konsequent. So verblieben bisher einem im Verfahren der öffentlichen Auftragsvergabe rechtswidrig übergangenen Bieter regelmäßig nur Schadensersatzansprüche, die sich zudem in den weit überwiegenden Fällen auf den Ersatz des negativen Interesses beschränkten. Nur in Ausnahmefällen konnte ein Schadensersatzanspruch auf den entgangenen Gewinn, das positive Interesse, durchgesetzt werden.[5]

2. Europarechtliche Einflußnahmen

Mit der beständigen Fortentwicklung des europäischen Binnenmarktes, welche auch die öffentlichen Märkte erfaßte, geriet das derart klassisch strukturierte deutsche Vergabeverfahrensrecht zunehmend in schwierigere Gewässer.[6] Die EU-Kommission hatte in diesem Zusammenhang ein erstes Vertragsverletzungsverfahren gegen die Bundesrepublik Deutschland vor dem EuGH eingeleitet, in welchem diese wegen nicht termingerechter Umsetzung der Richtlinien zur Vergabe öffentlicher Liefer- und Bauaufträge[7] antragsgemäß verurteilt wurde.[8] Auch unter dem Eindruck dieses Verfahrens konnte sich der nationale Gesetzgeber einem ersten legislatorischen Eingriff in das bis dahin bestehende System des Vergaberechtsschutzes nicht mehr länger entziehen.

Zum 01. Januar 1994 traten zunächst die §§ 57 a – c HGrG in Kraft.[9] Dabei handelte es sich um die als haushaltsrechtliche Lösung bezeichnete nationale Umset-

[4] vgl. Faber, a.a.O., S. 408; Pietzcker, Rechtsschutz, a.a.O.,S. 122
[5] vgl. aus der aktuellen Rechtsprechung grundlegend BGH, Urteile vom 08.09.1998 –X ZR 99/96, X ZR 109/96, X ZR 48/97-, NJW 1998, 3636 ff.; ferner Pietzcker, Rechtsschutz, a.a.O., S. 124; Faber, a.a.O., S. 409/410
[6] vgl. zur Entwicklung Jasper, a.a.O., S. 2151; Matthey, a.a.O., S. 41, 43; Boesen, Rechtsschutz des Bieters, a.a.O., S. 345; Broß, Vergabewesen, a.a.O., S. 521, 522-528
[7] Richtlinien 88/295/EWG vom 22.3.1988, ABl.EG 1988 Nr. L 127 vom 20.05.1988, S.1 und 89/440/EWG vom 18.7.1989, ABl.EG 1989 Nr. L 210 vom 21.07.1989, S. 1
[8] EuGH, Urteil vom 11.08.1995 – Rs C-433/93 -, Slg. 1995 I, 2311 ff. (Kommission/Deutschland); vgl. zu den Einzelheiten Broß, Vergabewesen, a.a.O., S. 521, 523 ff.
[9] BGBl. I S. 1928

zung des europarechtlich vorgegebenen Regelwerks zur Marktöffnung[10], die von den untergesetzlichen Konkretisierungsnormen der Vergabeverordnung (VgV)[11] und der Nachprüfungsverordnung (NpV)[12] begleitet wurden. Namentlich in der Literatur war die haushaltsrechtliche Lösung, die nur vor dem dargestellten historischen Hintergrund zu verstehen ist, von Beginn an vehementer Kritik ausgesetzt.[13] Besonders beanstandet wurde der dezidierte Ausschluß subjektiver Rechte der Bieter, denn die haushaltsrechtliche Lösung hatte nach dem ausdrücklichen Willen des Gesetzgebers zum Ziel, „individuelle, einklagbare Rechtsansprüche der Bieter nicht entstehen zu lassen“[14]. An den gewachsenen Vergaberegeln sollte diesbezüglich nichts geändert werden.

3. Mängel in der Anwendungspraxis

Zugleich offenbarte die Praxis des derart und in einem ersten Versuch neugestalteten Vergaberechtsschutzes deutliche Schwächen. Es fehlte namentlich an einem ausreichenden Vollstreckungsinstrumentarium, mit dem etwa nach § 57 c Abs. 5 HGrG a. F. festgestellte vergaberechtliche Verstöße gegenüber dem öffentlichen Auftraggeber hätten durchgesetzt werden können[15], außerdem an Möglichkeiten, gegen untätige oder verzögerlich tätige Nachprüfungsbehörden vorzuge-

[10] Richtlinie 93/36/EWG des Rates vom 14.06.1993, ABl.EG 1993 Nr. L 199 vom 09.08.1993, S. 1 – Lieferkoordinierungsrichtlinie (LKR) -; Richtlinie 93/37/EWG des Rates vom 14.06.1993, ABl.EG 1993 Nr. L 199 vom 09.08.1993, S. 54 – Baukoordinierungsrichtlinie (BKR) - und Richtlinie 92/50/EWG des Rates vom 18.06.1992, ABl.EG 1992 Nr. L 209 vom 24.07.1992, S. 1 – Dienstleistungsrichtlinie-, diese jeweils geändert durch Richtlinie 97/52/EG des Rates vom 13.10.1997, ABl.EG 1997 Nr. L 328 vom 28.11.1997, S. 1; ferner Richtlinie 93/38/EWG des Rates vom 14.06.1993, ABl.EG 1993 Nr. L 199 vom 09.08.1993, S. 84, geändert durch Richtlinie 98/4/EG des Rates vom 16.02.1998, ABl.EG 1998 Nr. L 101 vom 01.04.1998, S. 1 –Sektorenrichtlinie -; Richtlinie 89/665/EWG des Rates vom 21.12.1989, ABl.EG 1989 Nr. L 395 vom 30.12.1989, S 33, geändert durch Richtlinie 92/50/EWG des Rates vom 18.06.1992, ABl.EG 1992 Nr. L 209 vom 24.07.1992, S. 1 –Rechtsmittelrichtlinie - und Richtlinie 92/13/EWG des Rates vom 24.02.1992, ABl.EG 1992 Nr. L 76 vom 23.03.1992, S. 14 – Rechtsmittel-Sektorenrichtlinie -

[11] Verordnung über die Vergabebestimmungen für öffentliche Aufträge (Vergabeverordnung) vom 22.02.1994, BGBl. I S. 321

[12] Verordnung über die Nachprüfungsverfahren für öffentliche Aufträge (Nachprüfungsverordnung) vom 22.02.1994, BGBl. I S. 324

[13] vgl. etwa Boesen, Vergabeüberwachungsausschüsse, a.a.O., S. 583; Haß, a.a.O., S. 113; Gröning, Rechtsschutzqualität und Verfahrensbeschleunigung, a.a.O., S. 370; Meibom/Byok, a.a.O., S. 629, 631 ff.; Erdl, Der neue Vergaberechtsschutz, a.a.O., S. 52 f. jeweils m.w.N.

[14] BT-Drucksache 12/4636, S. 12

[15] vgl. dazu den Fall des LG Hannover, Urteil vom 17.4.1997 –21 O 38/97 (Kart.)-, ZVgR 1997, 131

hen.[16] Angesichts solcher gravierender Mängel des neuen Rechts in der Anwendung, der weiterhin ablehnenden Haltung der Europäischen Kommission gegenüber dem deutschen nationalen Umsetzungsrecht[17] sowie der bereits erwähnten Rechtsprechung des EuGH[18], erschien schon bald ein Festhalten an der gerade geschaffenen haushaltsrechtlichen Lösung aussichtslos. So verabschiedete der Deutsche Bundestag am 29. Mai 1998 das von der Bundesregierung eingebrachte Gesetz zur Änderung der Rechtsgrundlagen für die Vergabe öffentlicher Aufträge – Vergaberechtsänderungsgesetz (VgRÄG) -, dem der Bundesrat noch am gleichen Tag zustimmte.[19] Damit wurde (u.a.) das Gesetz gegen Wettbewerbsbeschränkungen (GWB) geändert und diesem ein vierter Teil zur „Vergabe öffentlicher Aufträge" hinzugefügt.[20]

Die gesetzgeberischen Aktivitäten waren aber auch eine Reaktion auf zwischenzeitlich ergangene nationale Rechtsprechung, die wegen der Unzulänglichkeiten der Regelungen nach §§ 57 a ff. HGrG a.F. „klassischen" Rechtsschutz vor den staatlichen Gerichten mindestens eröffnete[21] und bisweilen auch in der Sache gewährte.[22] Darauf wird in den Gesetzesmaterialien ausdrücklich Bezug genommen, führten diese Entscheidungen doch zu der Sorge, die Suche der Rechtsanwendungspraxis nach einem effektiven Rechtsschutz drohe sich zu verselbständigen. In der Gegenäußerung der Bundesregierung zur Stellungnahme des Bundesrates zum VgRÄG heißt es deshalb, daß die sich abzeichnende Befassung der staatlichen Gerichte mit den Unzulänglichkeiten des bisherigen Rechtsschutzsystems durch den Gesetzgeber kanalisiert werden müsse, dies namentlich im Hinblick auf den durch die bisherigen Entscheidungen drohenden Rechtswegewirrwarr.[23]

[16] vgl. den „Mängelüberblick" bei Dreher, Rechtsschutz bei Vergabeverstößen, a.a.O., S. 1877 f.; ders., Perspektiven, a.a.O., S. 345; vgl. zur Kritik an der haushaltsrechtlichen Lösung auch Schumacher, a.a.O., S. 100 ff.
[17] vgl. dazu Mahnschreiben der Europäischen Kommission vom 31.10.1995 –SG (95) D/13624-95/2044, ZIP 1995,1940; Meibom/Byok, a.a.O., S. 630
[18] Urteil vom 11.08.1995 – Rs C-433/93 -, Slg. 1995 I, 2311 ff. (Kommission/Deutschland)
[19] BGBl. I S. 2512
[20] BGBl. I S. 2546, 2568
[21] so VG Regensburg, Beschluß vom 22.09.1997 –RN 13 E 97.01681-, ZVgR 1998, 337
[22] so insbesondere LG Hannover, Urteil vom 17.04.1997, a.a.O. (FN 15)
[23] BT-Drucksache 13/9340, S. 48

II. Neuregelung des Vergaberechtsschutzes für Aufträge ab Erreichen der Auftragsschwellenwerte

1. Beschränkung des kodifizierten Rechtsschutzes auf „Schwellenwertaufträge“

Kam es auf diese, von nicht unerheblicher Hektik gekennzeichneten Weise zu der von der Europäischen Kommission erwünschten, von der nationalen öffentlichen Verwaltung und der Bundesregierung allerdings befürchteten und deshalb so lange wie möglich verzögerten gesetzlichen Neuregelung des Vergaberechtsschutzes[24], so beschränkte sich diese auf diejenigen Bereiche öffentlicher Aufträge, welche die nach Art. 5 Lieferkoordinierungsrichtlinie (LKR), Art. 6 Baukoordinierungsrichtlinie (BKR), Art. 7 Dienstleistungsrichtlinie (DLR) und Art. 14 Sektorenrichtlinie (SKR) vorgesehenen Auftragsschwellenwerte erreichten; §§ 100 Abs. 1, 127 Nr. 1 GWB i.V.m. §§ 3 Abs. 1, 4 Abs. 1 und Abs. 2 VgV bzw. § 3 Vorentwurf VgV zu § 127 Nr. 1 GWB.[25] Nach § 2 des Entwurfs einer Neufassung der Verordnung über die Vergabe öffentlicher Aufträge (Vergabeverordnung)[26], welche die auf der Grundlage des § 57 a HGrG a. F. ergangene VgV ablösen soll, sind dies folgende Beträge (jeweils ohne gesetzliche Umsatzsteuer):

- für Liefer und Dienstleistungsaufträge im Bereich der Trinkwasser- oder Energieversorgung oder im Verkehrsbereich 400.000 Euro,

- für alle Liefer- und Dienstleistungsaufträge der obersten Bundesbehörden und der Bundesoberbehörden 130.000 Euro,

- für alle anderen Liefer- und Dienstleistungsaufträge 200.000 Euro,

[24] vgl. dazu Marx in: Jestaedt/Kemper/Marx/Prieß, a.a.O., S. 6/7; Pietzcker, Die neue Gestalt, a.a.O., S. 438
[25] zum Vorentwurf der VgV zu § 127 Nr. 1 GWB vgl. Anlage 2 zur Begründung des Gesetzentwurfes der Bundesregierung zum VgRÄG, BT-Drucksache 13/9340, S. 29
[26] NZBau 2000, S. 68, Stand: 14.12.1999

- für Bauaufträge 5.000.000 Euro,

- für Auslobungsverfahren, die zu einem Dienstleistungsauftrag führen sollen, dessen Schwellenwert,

- für die übrigen Auslobungsverfahren den Wert, der bei Dienstleistungsaufträgen gilt,

- bei Bauaufträgen für Lose 1.000.000 Euro oder bis mindestens 80 % des Gesamtwerts aller Lose,

- bei Dienstleistungsaufträgen für Lose 800.000 Euro oder bis mindestens 80 % des Gesamtwerts aller Lose.

Diese Vorgehensweise des nationalen Gesetzgebers führte dazu, daß sich die öffentliche Auftragsvergabe und der damit verbundene Rechtsschutz in „zwei Welten“ teilte.[27] Denn es wurde davon abgesehen, das Gesetz auf solche öffentlichen Aufträge zu erstrecken, deren Gesamtauftragssummen (deutlich) unterhalb der EU-Auftragsschwellenwerte liegen, und es wurde auch darauf verzichtet, den Rechtsschutz des Bieters in diesem gesamtwirtschaftlich vergleichsweise weitaus bedeutsameren öffentlichen Auftragsbereich ebenfalls neu zu ordnen. Ein und dieselbe Regelung etwa aus dem Abschnitt 1 der VOB/A, die für Aufträge unter- oder oberhalb der EU-Auftragsschwellenwerte gleichermaßen Anwendung findet (vgl. § 1 a Nr. 1 Abs. 1 VOB/A), wird so zum „rechtlichen Chamäleon": bezogen auf einen „unterschwellenwertigen“ Auftrag ist sie objektive Verfahrensregel, bezogen auf einen „Schwellenwertauftrag“ hingegen zugleich subjektive Rechtsgewährleistung für den Bieter; vgl. § 97 Abs. 7 GWB.

[27] so Dreher, Anwendungsbereich, a.a.O., S. 2588; vgl. auch Byok, a.a.O., S. 2776

2. Auswirkungen in der Praxis

In der täglichen Praxis der Rechtsberatung erweist sich dies als ein äußerst unbefriedigender Zustand. Weiten Teilen der mittelständischen Wirtschaft, die große Hoffnungen in die Neuregelung des Vergaberechtsschutzes setzten, muß nun erklärt werden, daß ihnen dieser „mangels Masse“ nicht zugute kommt. Hier hat es vielmehr sein Bewenden mit den allgemeinen, formellen und informellen Hilfsmitteln, wie sie bisher ohne besondere Effizienz eingesetzt wurden.[28] Da auch der Sekundärrechtsschutz diese von relativer Hilflosigkeit geprägte Situation der betroffenen Wettbewerbsteilnehmer nicht gerade zu verbessern mag[29], soll in dieser Arbeit der Frage nachgegangen werden, ob diese, durch die Neuordnung des Vergaberechtsschutzes noch deutlicher und noch schmerzlicher gewordene Rechtsschutzlücke nicht geschlossen werden kann, ohne dafür mehr oder weniger unbesehen die Neuregelungen in §§ 97 ff. GWB auf „unterschwellenwertige“ Aufträge zu übertragen.

Der Sorge allzu zahlreicher und deshalb investitionshemmender Verfahren[30], die übrigens im Hinblick auf das zugrundeliegende Vergabeverhalten der öffentlichen Hand durchaus ambivalent erscheint, kann mit einem von bekannten Mustern abgewandelten, jedoch nicht minder effektiven Rechtsschutzmodell begegnet werden, um so dem mittelständischen öffentlichen Auftragsmarkt den dringend benötigten primären Vergaberechtsschutz angedeihen zu lassen.

B. Gang der weiteren Untersuchung

Dies einführend vorangestellt, soll im weiteren zunächst das neugeschaffene System des Primärrechtsschutzes für Vergabeverfahren im Bereich der EU-Auf-

[28] zum Überblick über die nicht-förmlichen Rechtsbehelfe vgl. Schumacher, a.a.O., S. 138 ff.; Faber, a.a.O., S. 407; Dreher, Rechtsschutz bei Vergabeverstößen, a.a.O., S. 1874; Bechtold, a.a.O., § 100 RN 6
[29] vgl. dazu den Überblick bei Faber, a.a.O., S. 408; Riese, a.a.O., S. 293 ff.
[30] vgl. dazu BT-Drucksache 13/9340, S. 15

tragsschwellenwerte dargestellt werden. Besondere Aufmerksamkeit soll dann dem Anwendungsbereich dieser Neuregelungen und den daran sich anknüpfenden rechtlichen Bedenken zukommen, bevor in einem Überblick die praktische Bedeutung dieses Rechtsschutzes anhand der bisherigen Fallzahlen in Bund und Ländern herausgearbeitet wird.

Dies führt hin zu einer Konzeption für die Neuordnung des primären Vergaberechtsschutzes im Auftragsbereich unterhalb der EU-Auftragsschwellenwerte. Hierzu werden konkrete Gestaltungsvorschläge sowohl für ein außergerichtliches Nachprüfungsverfahren als auch für ein sich daran anschließendes Rechtsschutzverfahren vor einem staatlichen Gericht unterbreitet.

Zweiter Teil:
Die Neuregelung des Vergaberechtsschutzes im Bereich der EU-Auftragsschwellenwerte

A. Überblick über die Neuregelungen und die allgemeinen Vergabegrundsätze

I. Struktur der §§ 97 ff. GWB

Mit dem VgRÄG wurde das GWB geändert und erstmals das Recht der öffentlichen Aufträge als vierter Teil in das Gesetz eingefügt. Die Neuregelungen gliedern sich in

- die Vorschriften über das Vergabeverfahren (§§ 97 – 101 GWB),
- das Nachprüfungsverfahren (§§ 102 – 115 GWB),
- das Verfahren der sofortigen Beschwerde vor dem Oberlandesgericht (§§ 116 – 124 GWB) und die
- sonstigen Regelungen (§§ 125 – 129 GWB).

Das im Mittelpunkt stehende Verfahren der Vergabenachprüfung wurde im Vergleich zur bisherigen Rechtslage nach §§ 57 a ff. HGrG a. F. erheblich beschleunigt und effektuiert. Es gliedert sich im wesentlichen in zwei Abschnitte, nämlich in das Verfahren vor der Vergabekammer einerseits und in das (gerichtliche) Beschwerdeverfahren vor dem Oberlandesgericht andererseits. Demgegenüber wurde die Bedeutung der Vergabeprüfstellen nach § 57 b HGrG a. F. erheblich zurückgenommen, wie § 103 GWB zeigt. Weder deren Einrichtung noch deren Anrufung ist künftig zwingend; ihnen kommt, soweit sie fortbestehen, im wesentlichen eine in der gegenwärtigen Praxis eher unbedeutende Schlichtungsfunktion zu.[31] Die Neuregelungen, an die das hier vorzuschlagende Rechtsschutzmodell für Aufträge unterhalb der EU-Auftragsschwellenwerte anknüpft, sollen im folgenden in der Übersicht dargestellt werden.

[31] vgl. zu den Einzelheiten Gröning, Rechtsschutzqualität und Verfahrensbeschleunigung, a.a.O., S. 370, 372 ff.

II. Allgemeine gesetzliche Vergabegrundsätze

Innerhalb der Neuregelungen des Vergaberechtsschutzes stellt § 97 GWB gleichsam die „Magna Charta" der öffentlichen Auftragsvergabe dar. Die Vorschrift enthält die zentralen Regelungen für das öffentliche Auftragsverhalten und konstituiert erstmals subjektive Rechte der Bieter im Vergabeverfahren.[32] Aus Sicht des am Wettbewerb teilnehmenden Unternehmens erscheinen die Vorgaben des § 97 GWB schlechthin als selbstverständlich, weil letztlich Ausfluß einer ohnehin zu unterstellenden Redlichkeit des öffentlichen Auftraggebers. Aus dessen Sicht jedoch ergibt sich vor dem dargestellten Hintergrund des klassischen Vergaberechts ein deutlicher Bruch zur Vergangenheit. Im einzelnen:

§ 97 Abs. 1 GWB kodifiziert das Transparenzprinzip, wonach öffentliche Auftraggeber Waren-, Bau- und Dienstleistungen im Wettbewerb und im Wege transparenter Vergabeverfahren beschaffen.[33] Nach § 97 Abs. 2 GWB sind alle Teilnehmer am Vergabeverfahren gleich zu behandeln (Gleichheitsprinzip), wenn nicht eine Benachteiligung aufgrund des Gesetzes ausdrücklich geboten oder gestattet ist.

§ 97 Abs. 3 GWB verleiht dem Grundsatz der Fachlosvergabe (vgl. § 4 Nr. 3 VOB/A) nach vorangegangenen zähen Auseinandersetzungen[34] nunmehr Gesetzesrang. § 97 Abs. 4 GWB behandelt die Kriterien der Bietereignung und trifft Regelungen über die Beachtung sogenannter vergabefremder Aspekte. Vergabefremde Aspekte, d.h. also Wertungskriterien, die nicht oder nicht ausschließlich die

[32] vgl. Gröning, Rechtsschutzqualität und Verfahrensbeschleunigung, a.a.O., S. 372, 373; Erdl, Der neue Vergaberechtsschutz, a.a.O., S. 226 ff.; Leinemann/Weihrauch, a.a.O., S. 21; Pietzcker, Die neue Gestalt, a.a.O., S. 438, 439

[33] vgl. dazu Leinemann/Weihrauch, a.a.O., S. 16

[34] vgl. z.B. LG Hannover, a.a.O., S. 131 (FN 15); VÜA Brandenburg, Beschluß vom 30.07.1996 – 1 VÜA 7/96 -, EVgRE Nr. IV 4.4; VÜA Schleswig-Holstein, Beschluß vom 29.07.1996 – VÜ 5/96 -, EVgRE Nr. IV 15.1; ders., Beschluß vom 29.07.1996 – VÜ 6/96 -, EVgRE Nr. IV 15.2; VÜA Thüringen, Beschluß vom 14.08.1996 – 1 VÜ 2/96 -, EVgRE Nr. IV 16.3; Leinemann/Weihrauch, a.a.O, S. 19

Fachkunde, Leistungsfähigkeit und Zuverlässigkeit des Bieters betreffen, dürfen demnach nur berücksichtigt werden, wenn dies gesetzlich vorgesehen ist.[35]

§ 97 Abs. 5 GWB enthält das aus dem bisherigen Vergaberecht bekannte Zuschlagskriterium des wirtschaftlichsten Angebotes. Danach ist der Zuschlag unter den zur Wertung zuzulassenden Angeboten auf dasjenige zu erteilen, welches unter Beachtung aller im konkreten Fall wesentlichen und als wesentlich angegebenen Kriterien das beste Preis-Leistungsverhältnis bietet; vgl. z. B. § 25 Nr. 3 Abs. 3 VOB/A.

§ 97 Abs. 6 GWB normiert eine Rechtsverordnungsermächtigung für die an das neue Recht anzugleichende VgV[36], und § 97 Abs. 7 GWB beinhaltet schließlich die aus Sicht der Teilnehmer am Wettbewerb schlechthin bedeutsamste Rechtsänderung, sozusagen das „Vergabegrundrecht":

> *„Die Unternehmen haben Anspruch darauf, daß der Auftraggeber die Bestimmungen über das Vergabeverfahren einhält."*

Damit wird erstmals im nationalen Vergaberecht eine subjektive, vor den staatlichen Gerichten durchsetzbare, verfahrensrechtliche Rechtsposition des Bieters im öffentlichen Vergabeverfahren begründet.

Die §§ 98, 99 GWB definieren schließlich die Begriffe des öffentlichen Auftraggebers und des öffentlichen Auftrags.

[35] vgl. dazu Karenfort/von Koppenfels/Siebert, a.a.O., S. 1826 ff. am Beispiel der Tariftreueerklärung; vgl. dazu BGH, Beschluß vom 18.01.2000 – KVR 23/98 -, NZBau 2000, 189
[36] derzeit noch in der für das HGrG maßgeblichen Fassung vom 22.02.1994, BGBl. I S. 321; es existiert jedoch ein Entwurf für eine an die §§ 97 ff. GWB anzupassende Nachfolgeverordnung; vgl. NZBau 2000, S. 68

B. Das Nachprüfungsverfahren vor der Vergabekammer gemäß §§ 102 – 115 GWB

I. Verfahren vor den Vergabeprüfstellen, § 103 GWB

Nach § 102 GWB unterliegt die Vergabe öffentlicher Aufträge der förmlichen Nachprüfung durch die Vergabekammern als der zwingenden Eingangsinstanz; die Anrufung etwa noch vorhandener Vergabeprüfstellen ist nach § 103 Abs. 1 GWB nurmehr fakultativ, während die Inanspruchnahme der ordentlichen Gerichte als Eingangsinstanz einer Vergabenachprüfung gänzlich ausgeschlossen ist; § 104 Abs. 2 GWB. Daraus ergibt sich, daß der Bieter nicht mehr – wie bisher nach §§ 57 b Abs. 4, 57 c Abs. 5 HGrG a. F. - verpflichtet ist, zunächst die Vergabeprüfstelle anzurufen und dadurch im Hinblick auf den in der Regel drohenden Zuschlag an einen Dritten wertvolle Zeit zu verlieren. Selbst wenn der Bieter die Vergabeprüfstelle bemüht, so ist er doch nicht gehalten, vor Anrufung der Vergabekammer die Entscheidung der Vergabeprüfstelle abzuwarten.[37]

Damit hat der Gesetzgeber die Konsequenzen aus der weithin unbefriedigenden Arbeit der Vergabeprüfstellen gezogen, denen es unter der Geltung der §§ 57 a ff. HGrG a. F. in der vergaberechtlichen Praxis oftmals nicht gelingen konnte, effektiv in ein Vergabeverfahren einzugreifen, um konkret drohende und unmittelbar bevorstehende Rechtsnachteile eines Bieters zu verhindern.[38]

Aus § 103 Abs. 2 GWB ergibt sich, daß die Vergabeprüfstelle künftig im Schwerpunkt beratend und streitschlichtend tätig werden soll, nicht aber mehr streitentscheidend.[39] Diesen Auftrag haben jetzt nach den deutlichen gesetzlichen Vorgaben die Vergabekammern erhalten.

[37] vgl. im einzelnen Drügemöller, a.a.O., S. 280 f.
[38] vgl. dazu exemplarisch den Fall des LG Hannover, a.a.O., S. 131 (FN 15)
[39] vgl. Drügemöller, a.a.O., S. 280

II. Verfahren vor der Vergabekammer; §§ 104 – 114 GWB

1. Verfahren im allgemeinen und Zulässigkeit des Antrags

Nach neuem Recht überprüfen zunächst die Vergabekammern des Bundes und der Länder nach § 107 Abs. 1 GWB die öffentliche Auftragsvergabe im Anwendungsbereich des Gesetzes.[40] Die Vergabekammern sind im Vergleich zu den bisherigen Vergabeüberwachungsausschüssen, die nach Art. 3 Nr. 1 – 3 VgRÄG per 30. Juni 1999 abgeschafft wurden, in ihren rechtlichen Kompetenzen erheblich gestärkt worden. Sie entscheiden unabhängig und weisungsfrei (§ 105 Abs. 1 GWB) in der Besetzung mit einem Vorsitzenden und zwei Beisitzern, wobei der Vorsitzende oder der hauptamtliche Beisitzer die Befähigung zum Richteramt haben muß (§ 105 Abs. 2 GWB). Außerdem, so das Gesetz ausdrücklich in § 105 Abs. 2 Satz 4 GWB, sollen die Beisitzer über gründliche Kenntnisse des Vergabewesens, die ehrenamtlichen Beisitzer auch über mehrjährige praktische Erfahrungen auf dem Gebiet des Vergabewesens verfügen. Die Mitglieder der Vergabekammern werden für eine feste Amtszeit von fünf Jahren bestellt.[41]

Das Verfahren vor der Vergabekammer wird nach § 107 Abs. 1 GWB nur auf Antrag eingeleitet. Antragsbefugt ist jedes Unternehmen, daß ein Interesse am Auftrag hat und eine Verletzung in seinen Rechten durch Nichtbeachtung von Vergabevorschriften geltend macht; dabei ist darzulegen, daß dem Unternehmen durch die behauptete Verletzung von Vergabevorschriften ein Schaden droht (§ 107 Abs. 2 GWB). Mithin ist die Befugnis zur Einleitung eines Nachprüfungsverfahrens vor der Vergabekammer an drei sich aus § 107 Abs. 2 GWB ergebende Voraussetzungen geknüpft:

[40] vgl. zu den Einzelheiten etwa Erdl, Der neue Vergaberechtsschutz, a.a.O., S. 242 ff.; Braun, a.a.O., S. 1069 ff.; Jasper, a.a.O., S. 2156; Ulbrich/Waldner, a.a.O., S. 1082

[41] Einzelheiten zu den Vergabekammern und deren Entstehung bei Erdl, Der neue Vergaberechtsschutz, a.a.O., S. 242 ff.; Marx in: Jestaedt/Kemper/Marx/Prieß, a.a.O., S. 149 f.

- das antragstellende Unternehmen muß ein Interesse am Auftrag haben:

  Das ist in der Regel dann anzunehmen, wenn es sich an dem beanstandeten Vergabeverfahren selbst beteiligt, aber auch dann, wenn es zwar an dem konkreten Vergabeverfahren nicht teilnimmt, die Teilnahme aber gerade erstrebt. Eine solche Konstellation ist insbesondere in den Fällen des § 97 Abs. 3 GWB (unterbliebene Fachlosvergabe) denkbar[42];

- das antragstellende Unternehmen muß eine Verletzung in seinen Rechten nach § 97 Abs. 7 GWB durch die Nichtbeachtung von Vergabevorschriften geltend machen:

  Das betrifft das Erfordernis der Darlegung einer Verletzung in eigenen Rechten des Unternehmens. Aus der ausdrücklichen Bezugnahme auf § 97 Abs. 7 GWB („Die Unternehmen haben Anspruch darauf, daß der Auftraggeber die Bestimmungen über das Vergabeverfahren einhält") folgt, daß es genügt, wenn das Unternehmen die Nichtbeachtung irgendwelcher Vergabevorschriften substantiiert vorträgt[43];

- das Unternehmen muß schließlich darlegen, daß ihm durch die behauptete Verletzung von Vergabevorschriften ein Schaden entstanden ist oder zu entstehen droht:

  Bei abstrakter Betrachtung kann dem Antragsteller des Nachprüfungsverfahrens dann ein Schaden entstehen, wenn er infolge der von ihm behaupteten Verletzung vergaberechtlicher Vorschriften wirtschaftlich schlechter gestellt wird, als dies dann der Fall gewesen wäre, wenn die behauptete Rechtsverletzung nicht begangen worden wäre. Der Antragsteller muß folglich dartun, daß gerade die von ihm behauptete Verletzung von Vergabevorschriften ursächlich für einen Schaden als unmittelbare Folge der Rechtsverletzung ist oder noch

[42] so der Fall des LG Hannover, a.a.O., S. 131 (FN 15); vgl. im einzelnen Erdl, Der neue Vergaberechtsschutz, a.a.O., S. 246 ff.
[43] vgl. Bechtold, a.a.O., § 107 RN 1; Braun, a.a.O., S. 1070

sein kann. Das läuft letztlich auf das Erfordernis substantiierten Vortrages hinaus, ohne die beanstandete Rechtsverletzung jedenfalls eine reale Aussicht auf Erteilung des Auftrags gehabt zu haben. Dabei darf die Darlegungslast nicht überspannt werden, weil es sich bei diesem Aspekt um eine Zulässigkeitsvoraussetzung des Antrags handelt, die der eigentlichen Begründetheitsprüfung nach § 114 GWB nicht vollständig vorgreifen darf.[44]

2. Besondere Zulässigkeitsvoraussetzung: Rügepflicht nach § 107 Abs. 3 GWB

Mit § 107 Abs. 3 GWB schafft das Gesetz eine besondere Zulässigkeitsvoraussetzung für den Antrag auf Vergabenachprüfung in Gestalt einer allgemeinen und einer besonderen Rügepflicht des Antragstellers, verbunden mit der Wirkung einer materiellen Präklusion bei Verletzung der Rügepflicht. Nach § 107 Abs. 3 Satz 1 GWB ist der Antrag bereits unzulässig, soweit der Antragsteller den gerügten Verstoß gegen Vergabevorschriften im Vergabeverfahren erkannt und gegenüber dem Auftraggeber nicht unverzüglich gerügt hat (hier als allgemeine Rügepflicht bezeichnet). Darüber hinaus ist der Antrag nach § 107 Abs. 3 Satz 2 GWB außerdem dann unzulässig, soweit Verstöße gegen Vergabevorschriften, die bereits aufgrund der Bekanntmachung erkennbar sind, nicht spätestens bis zum Ablauf der in der Bekanntmachung benannten Frist zur Angebotsabgabe oder zur Bewerbung gegenüber dem Auftraggeber gerügt werden (hier als besondere Rügepflicht bezeichnet).[45]

Die Rügepflichten beziehen sich auf die jeweiligen Verstöße gegen Vergabevorschriften, welche der Unternehmer im Vergabeverfahren tatsächlich auch erkennt mit der Konsequenz, daß bei fehlender Rüge der Antrag an die Vergabekammer insoweit unzulässig ist. Wurden hingegen einzelne Verstöße gegen Vergabevor-

[44] so auch Erdl, Der neue Vergaberechtsschutz, a.a.O., S. 250/251
[45] vgl. wegen der Einzelheiten Erdl, Der neue Vergaberechtsschutz, a.a.O., S. 253 ff.

schriften gerügt, andere wiederum nicht, so dürfte der Antrag nur hinsichtlich der gerügten Verstöße zulässig sein.[46]

Ausweislich der Gesetzesmaterialien[47] soll mit dieser Zulässigkeitsvoraussetzung demjenigen Unternehmer der Rechtsschutz von vornherein versagt werden, der auf einen von ihm erkannten Fehler im Vergabeverfahren spekuliert, weil sich der erkannte Fehler möglicherweise zu seinen Gunsten auswirken könnte. Deshalb soll der Unternehmer unter dem Gesichtspunkt von Treu und Glauben dadurch zur Vermeidung unnötiger Verfahren beitragen, daß er die von ihm bereits frühzeitig erkannten Verstöße gegen Vergabevorschriften unverzüglich rügt (§ 107 Abs. 3 Satz 1 GWB).

Weder das Gesetz selbst noch die dazu vorliegenden Gesetzesmaterialien bestimmen näheres zu den inhaltlichen Anforderungen an die Rügepflicht. Insbesondere wird nicht bestimmt, ob die Rüge einer bestimmten Form genügen muß. Sie kann also schriftlich oder mündlich erfolgen, wobei die Beweislast für den Umstand, (rechtzeitig) Rüge geführt zu haben, beim Antragsteller liegt.[48] Im übrigen formuliert das Gesetz positiv, daß die Rügepflicht nur für solche Verstöße gegen Vergabevorschriften besteht, die im Vergabeverfahren erkannt werden. Ob dies wiederum im Einzelfall zutrifft, dürfte im Zweifel der Auftraggeber im Verfahren vor der Vergabekammer zu beweisen haben, wobei es genügen wird, wenn er dartun kann, daß der angebliche Verstoß im Vergabeverfahren bei gehöriger Sorgfalt eines durchschnittlich aufmerksamen Bieters jedenfalls hätte erkannt werden können.[49]

Die Rüge muß zudem unverzüglich erfolgen. Welche Anforderungen daran im Einzelfall zu stellen sind, hängt maßgeblich von den konkreten Umständen ab, insbe-

[46] vgl. dazu Braun, a.a.O., S. 1070
[47] BT-Drucksache 13/9340, S. 17
[48] Bechtold, a.a.O., § 107 RN 2
[49] vgl. dazu aus der Rechtsprechung BayObLG, Beschluß vom 21.05.1999 – Verg 1/99 -, NVwZ 1999, 1138, 1141; OLG Brandenburg, Beschluß vom 03.08.1999 – 6 Verg 1/99 -, NVwZ 1999, 1142, 1145 f.

sondere von Art und Auffälligkeit des Verstoßes einerseits bei Berücksichtigung einer dem Unternehmer zustehenden, angemessenen Prüfungsfrist andererseits.[50]

Die Regelungen über die Rügepflicht sollen den öffentlichen Auftraggeber in die Lage versetzen, Verstöße gegen Vergabevorschriften, auf die er rechtzeitig aufmerksam gemacht wird, noch vor dem Abschluß des Vergabeverfahrens und im Idealfall noch vor der Verursachung eines (wirtschaftlichen) Schadens für einen Bieter zu beheben, ohne daß dafür eine darauf gerichtete Entscheidung der Vergabekammer erforderlich wird.[51]

3. Form des Antrags und Verfahrensbeteiligte; §§ 108, 109 GWB

a. Allgemeine Voraussetzungen

§ 108 GWB sieht vor, daß der Antrag schriftlich bei der Vergabekammer zu stellen und unverzüglich zu begründen ist. Dabei soll ein bestimmtes Begehren angemeldet werden. Für die Begründungspflicht gilt, daß die Beschreibung einer behaupteten Rechtsverletzung mit Sachverhaltsdarstellung vorzulegen ist, ebenso die Darlegung, daß die Rüge nach § 107 Abs. 3 GWB erfolgt ist. Die Vorlage der Antragsbegründung soll unverzüglich erfolgen (§ 108 Abs. 1 GWB), ist allerdings an keine vorgegebene Frist gebunden.

Nach § 109 GWB sind an dem Verfahren der antragstellende Unternehmer, der öffentliche Auftraggeber sowie diejenigen Unternehmen beteiligt, deren Interessen durch die Entscheidung schwerwiegend berührt werden und die deswegen von der Vergabekammer beigeladen worden sind. Dies entspricht den Beiladungsvorschriften im kartellrechtlichen Verwaltungsverfahren nach § 54 Abs. 2 GWB und denjenigen im Verwaltungsprozeß nach § 65 VwGO.

[50] vgl. im einzelnen Erdl, Der neue Vergaberechtsschutz, a.a.O., S. 254, 255; dies., Neues Vergaberecht, a.a.O., S. 1352 f.
[51] BT-Drucksache 13/9340, S. 17; Drügemöller, a.a.O, S. 293

Bei den weiteren Beteiligten handelt es sich regelmäßig um diejenigen Unternehmen, die an dem beanstandeten Vergabeverfahren neben dem Antragsteller teilnehmen. Mit der Eingrenzung, daß diejenigen Unternehmen durch Beiladung am Verfahren beteiligt werden sollen, deren Interessen durch die Entscheidung der Vergabekammer schwerwiegend berührt werden (können), soll der Kreis der Verfahrensbeteiligten eingeschränkt werden. Eine schwerwiegende Interessenberührung wird danach nur dann anzunehmen sein, wenn sich die konkreten Aussichten eines Bieters im Wettbewerb infolge der Entscheidung der Vergabekammer verändern werden. Das trifft regelmäßig auf diejenigen Bieter zu, die eine ernstzunehmende Aussicht auf Erteilung des Zuschlags haben, nicht aber auf diejenigen, die abgeschlagen im Wettbewerb liegen und deren Wettbewerbsaussichten deshalb durch die Entscheidung der Vergabekammer mutmaßlich unberührt bleiben. Demzufolge wird notwendigerweise derjenige Bieter beizuladen sein, der den niedrigsten Angebotspreis anbietet, wenn ein anderer nachrangiger Bieter die Vergabekammer angerufen hat.[52]

Nach den Gesetzesmaterialien sollen etwa diejenigen Unternehmen beigeladen werden, deren Angebote in die engere Wahl kommen (vgl. etwa § 25 Nr. 3 Abs. 3 VOB/A), insbesondere dann, wenn ihre Angebote nach einer bereits vorliegenden Wertung dem Angebot des Antragstellers im Nachprüfungsverfahren vorgehen.[53]

b. Beiladung von Verbänden und Interessenvereinigungen

Hier wird künftig die Frage von Interesse sein, ob auch Verbände durch Beiladung am Vergabenachprüfungsverfahren beteiligt werden können. Aus § 107 Abs. 2 GWB folgt, daß Verbände jedenfalls nicht selbst antragsbefugt sind, weil die Antragsbefugnis nach dem ausdrücklichen Gesetzeswortlaut nur Unternehmen zu-

[52] vgl. dazu Braun, a.a.O., S. 1071
[53] vgl. BT-Drucksache 13/9340, S. 18

steht, d.h. also den unmittelbar am konkreten Wettbewerb Beteiligten.[54] Geht man mit § 109 GWB weiter davon aus, daß die Beiladung zum Verfahren eine schwerwiegende Berührung der eigenen Interessen des Beizuladenden voraussetzt, worunter, wie dargestellt, eine konkrete Beeinflussung der Wettbewerbsaussichten zu verstehen ist, so hätte daraus zu folgen, daß Verbände oder wirtschaftliche Interessenvereinigungen nicht beigeladen werden können, weil diese nicht unmittelbar am Wettbewerb teilnehmen und deshalb auch keine Wettbewerbsveränderung infolge der zu erwartenden Entscheidung der Vergabekammer erfahren können.[55]

Andererseits ist vorstellbar, daß durch die Entscheidung der Vergabekammer nicht nur die Interessen eines einzelnen Unternehmens, sondern weitergehend auch die gebündelten Interessen der im jeweiligen Verband zusammengeschlossenen Unternehmen einer bestimmten Branche berührt werden können. In diesem Fall betrifft die Entscheidung nicht nur unmittelbar die am Vergabeverfahren beteiligten Unternehmen respektive deren Interessen, sondern mittelbar sämtliche Unternehmen, die in dem betroffenen Gewerbe- oder Industriezweig am Markt sind. Hier könnte es aus Gründen der Vermeidung unnötiger Folgeverfahren sinnvoll sein, die Beiladung auch eines Verbandes in bestimmten Fällen zuzulassen.

Richtet man den Blick auf die Vorschrift des § 65 VwGO, die der Regelung in § 109 GWB „Pate" stand, so könnte die Beiladung eines Verbandes in Anlehnung an § 65 Abs. 2 VwGO statthaft sein. Der entsprechende Schluß kann auch aus §§ 54 Abs. 2 Nr. 2, 67 Abs. 1 Nr. 3 GWB gezogen werden, wonach etwa Personen-, Wirtschafts- und Berufsvereinigungen, deren Interessen durch die Entscheidung der Kartellbehörde im kartellbehördlichen oder kartellgerichtlichen Verfahren berührt werden, durch Beiladung beteiligt werden können.

[54] in diese Richtung wohl auch Erdl, Der neue Vergaberechtsschutz, a.a.O., S. 251; vgl. zur Problematik der Beiladung anderer Bieter BayObLG, Beschluß vom 21.05.1999 – Verg 1/99 -, NVwZ 1999, 1138, 1139

[55] so auch Bechtold, a.a.O., § 109 RN 2

4. Das weitere Verfahren vor der Vergabekammer; §§ 110 – 114 GWB

Nach Eingang des Antrags stellt die Vergabekammer diesen dem Auftraggeber zu und fordert bei diesem die Akten an, die das Vergabeverfahren insgesamt dokumentieren (Vergabeakten), dies allerdings nur dann, wenn der Antrag nicht offensichtlich unzulässig (z.B. wegen offensichtlicher Verletzung der Rügepflicht) oder offensichtlich unbegründet ist; § 110 Abs. 2 GWB. Der Auftraggeber stellt der Vergabekammer die Vergabeakten sofort bereit, wobei der Vergabekammer erforderlichenfalls das Zwangsmittel der Beschlagnahme nach § 58 GWB zur Verfügung stehen dürfte.[56] Liegen die Vergabeakten der Vergabekammer vor, so können die Beteiligten diese dort einsehen und sich Auszüge erteilen lassen, wobei die Einsicht in solche Unterlagen versagt werden muß, die aus wichtigen Gründen, insbesondere aus Gründen des Geheimschutzes oder zur Wahrung von Fabrikations-, Betriebs- oder Geschäftsgeheimnissen Dritten nicht zugänglich gemacht werden sollen; § 111 Abs. 1 und Abs. 2 GWB.

Ist die Streitsache schriftsätzlich aufbereitet, so entscheidet die Vergabekammer im Grundsatz nach mündlicher Verhandlung (§ 112 Abs. 1 S. 1 GWB). Mit Zustimmung der Beteiligten oder aber bei Unzulässigkeit oder offensichtlicher Unbegründetheit des Antrags, kann auch nach Lage der Akten entschieden werden (§ 112 Abs. 1 S. 2 GWB). Im übrigen erforscht die Vergabekammer den Sachverhalt von Amts wegen (§ 110 Abs. 1 GWB), wobei die Beteiligten an der Aufklärung des Sachverhaltes mitzuwirken haben (§ 113 Abs. 2 GWB). Nach § 113 Abs. 1 GWB trifft und begründet die Vergabekammer ihre Entscheidung innerhalb von fünf Wochen, gerechnet ab Antragseingang. Nur bei besonderen tatsächlichen oder rechtlichen Schwierigkeiten kann der Vorsitzende der Vergabekammer im Ausnahmefall unter schriftlicher Begründung die Entscheidungsfrist angemessen verlängern. Überschreitet die Vergabekammer die gesetzliche Entscheidungsfrist nach § 113 Abs. 1 S. 1 GWB, ohne sie zuvor verlängert zu haben, so gilt der Antrag kraft gesetzlicher Fiktion als abgelehnt; § 116 Abs. 2 GWB. Damit soll gesichert werden,

[56] so Jasper, a.a.O., S. 2156

daß das Verfahren vor der Vergabekammer regelmäßig nach fünf Wochen abgeschlossen ist, sei es nun mit oder ohne Sachentscheidung.

Trifft hingegen die Vergabekammer innerhalb der Frist von fünf Wochen eine Entscheidung, so wird der Antrag zurückgewiesen oder aber festgestellt, ob der Antragsteller in seinen Rechten verletzt ist; § 114 Abs. 1 GWB. Außerdem trifft die Vergabekammer zugleich die geeigneten Maßnahmen, um eine Rechtsverletzung zu beseitigen und eine (weitere) Schädigung von Interessen des Bieters zu verhindern; § 114 Abs. 1 GWB. Damit wird der Vergabekammer dasjenige Eingriffsinstrumentarium an die Hand gegeben, welches den vormaligen Vergabeüberwachungsausschüssen gänzlich fehlte. Die Vergabekammer ist nunmehr ausdrücklich ermächtigt, nicht nur Rechtsverletzungen des Antragstellers festzustellen[57], sondern unmittelbar in das laufende Vergabeverfahren einzugreifen. Dazu ist sie regelmäßig auch verpflichtet, wenn dies erforderlich ist, um eine noch andauernde Rechtsverletzung des Antragstellers unverzüglich zu beseitigen und eine Schädigung der betroffenen Interessen zu verhindern.

Allerdings kann, wie es deutscher vertrags- und vergaberechtlicher Tradition entspricht, ein bereits erteilter Zuschlag auch durch die Vergabekammer nicht mehr aufgehoben werden; § 114 Abs. 2 S. 1 GWB.[58] Hat sich daher das Nachprüfungsverfahren durch (zwischenzeitliche) Erteilung des Zuschlags, durch Aufhebung oder durch Einstellung des Vergabeverfahrens oder in sonstiger Weise erledigt, so stellt die Vergabekammer auf Antrag eines Beteiligten (nur) fest, ob eine Rechtsverletzung vorgelegen hat; § 114 Abs. 2 GWB.

Nach § 114 Abs. 3 S. 1 GWB ergeht die Entscheidung der Vergabekammer expressis verbis durch Verwaltungsakt[59], der nach Maßgabe der Verwaltungsvollstreckungsgesetze zwangsweise durchgesetzt werden kann. Auch insoweit wird eine bisher bestehende Rechtsschutzlücke im Vollzug geschlossen.

[57] so noch § 57 c Abs. 5 HGrG a.F. für die Vergabeüberwachungsausschüsse
[58] vgl. zu den damit verbundenen praktischen Problemen Ulbrich/Waldner, a.a.O., S. 1085 ff.
[59] wohl in Beschlußform; vgl. Braun, a.a.O., S. 1071

5. Aufschiebende Wirkung des Nachprüfungsantrags und Aussetzung des Vergabeverfahrens; § 115 GWB

a. Grundzüge der aufschiebenden Wirkung des Nachprüfungsantrags

Mit § 115 Abs. 1 GWB wird der Effektivität des Bieterrechtsschutzes im Vergabeverfahren der dringend erforderliche und durch die Vorgaben in Art. 2 Abs. 1 der Rechtsmittelrichtlinie[60] unumgängliche Nachdruck verliehen, obschon zu sehen ist, daß sich aus der nach deutscher Rechtsdogmatik bisher vorgesehenen Einheit von öffentlich-rechtlichem Zuschlag und zivilrechtlichem Vertragsschluß künftig nicht unerhebliche Probleme im Hinblick auf die Effektivität des Rechtsschutzes des übergangenen Bieters stellen. Denn dieser wird von der beabsichtigten anderweitigen Zuschlagserteilung nach geltendem Recht nicht vorab unterrichtet, kann allerdings nach erfolgtem Zuschlag an einen Dritten in den dann zustande gekommenen Vertrag nicht mehr eingreifen.[61] Nach § 115 Abs. 1 GWB darf der öffentliche Auftraggeber daher nach Zustellung eines Antrags auf Vergabenachprüfung durch die Vergabekammer vor deren Entscheidung und vor dem Ablauf der sich daran anschließenden Beschwerdefrist den Zuschlag nicht erteilen. Folglich wird mit der Einleitung des Nachprüfungsverfahrens das Vergabeverfahren im Hinblick auf die Zuschlagserteilung zunächst angehalten, wenn es auch im übrigen – etwa hinsichtlich der Wertung der Angebote – fortgeführt werden könnte.[62] In Abweichung von der bisherigen haushaltsrechtlichen Rechtslage ist es nunmehr nicht mehr möglich, nach Einleitung eines Nachprüfungsverfahrens durch die zügige Erteilung des Zuschlags vollendete Tatsachen zu schaffen.[63] Vielmehr wird der Abschluß des Vergabeverfahrens im Grundsatz solange unterbrochen, bis die behauptete Rechtsverletzung des Antragstellers geklärt ist. Ein zuwider dieser Regelung erteilter Zuschlag soll wegen Verstoßes gegen ein gesetzliches Verbot nichtig

[60] Richtlinie 89/665/EWG des Rates vom 21.12.1989, ABl.EG Nr. L 395 vom 30.12.1989, S. 33, geändert durch Richtlinie 92/50/EWG des Rates vom 18.06.1992, ABl.EG Nr. L 209 vom 24.07.1992, S. 1

[61] EuGH, Urteil vom 28.10.1999 – C-81/98 -, WRP 2000, S. 84 (Alcatel Austria u.a.); 1. Vergabekammer des Bundes, Beschluß vom 29.04.1999 – VK 1-7/99 -, WRP 2000, S. 106; vgl. Ulbrich/Waldner, a.a.O., S. 1088; Gröning, Deutsches Vergaberecht, a.a.O., S. 54

[62] vgl. dazu Ulbrich/Waldner, a.a.O., S. 1086; Erdl, Der neue Vergaberechtsschutz, a.a.O., S. 261

[63] so ausdrücklich die Begründung des Regierungsentwurfs, BT-Drucksache 13/9340, S. 20

sein.[64] Da sich dieses Verbot allerdings nur an eine Seite des Vertragsverhältnisses richtet, begegnet diese Annahme des Gesetzgebers nicht unerheblichen Bedenken, deren Klärung durch die Gerichte zunächst einmal abzuwarten bleibt.[65]

b. Zwischenverfahren über die Voraberteilung des Zuschlags; § 115 Abs. 2 GWB

Zur Sicherstellung des Beschleunigungseffektes, der diesem Verfahren inne liegt, sieht § 115 Abs. 2 GWB ein Aussetzungsverfahren als Zwischenverfahren über die Erteilung des Zuschlags vor, welches in solchen Fällen praktisch werden dürfte, in denen zwar das Rechtsschutzersuchen des Bieters nicht offensichtlich unzulässig oder unbegründet ist, in denen jedoch bei summarischer Prüfung der Sach- und Rechtslage ein Erfolg im Nachprüfungsverfahren äußerst unwahrscheinlich erscheint. Um in solchen Fällen die Auftragsvergabe nicht unnötig zu verzögern, kann die Vergabekammer nach § 115 Abs. 2 GWB dem öffentlichen Auftraggeber auf dessen Antrag hin gestatten, den Zuschlag vorab, daß heißt also vor einer Entscheidung in der Hauptsache, zu erteilen, wenn unter Berücksichtigung aller möglicherweise geschädigten Interessen sowie des Interesses der Allgemeinheit an einem raschen Abschluß des Vergabeverfahrens die nachteiligen Folgen einer Verzögerung der Vergabe bis zum Abschluß der Nachprüfung die damit verbundenen Vorteile überwiegen (Interessenabwägung). Gestattet danach die Vergabekammer die Voraberteilung des Zuschlags, so darf dieser gleichwohl erst nach dem Ablauf einer Frist von zwei Wochen, gerechnet ab dem Zeitpunkt der Bekanntgabe der Vorabentscheidung, erteilt werden, damit dem Bieter die in § 115 Abs. 2 S. 2 GWB vorgesehene Möglichkeit verbleibt, das Beschwerdegericht mit dem Antrag anzurufen, das gesetzliche Verbot des Zuschlags (§ 115 Abs. 1 GWB) wiederherzustellen. Allerdings bleibt nach § 115 Abs. 2 S. 2 letzter Halbsatz GWB die Regelung des § 114 Abs. 2 S. 1 GWB, wonach ein bereits erteilter Zuschlag nicht aufgehoben werden kann, auch hier bestehen, so daß also im Beschwerde-

[64] Begründung zum Regierungsentwurf, BT-Drucksache 13/9340, S. 20
[65] vgl. zu einseitigen gesetzlichen Verboten etwa BGH, Urteil vom 01.06.1966 – VIII ZR 65/64 -, BGHZ 46, 24, 26; ders., Urteil vom 10.12.1975 – VIII ZR 906/75 -, BGHZ 65, 368, 370 , BGH, Urteil vom 11.11.1993 – I ZR 225/91 -, NJW 1994, 728, 729

verfahren größte Eile geboten ist.[66] Umgekehrt hat auch der Auftraggeber die Möglichkeit, das Oberlandesgericht als das zuständige Beschwerdegericht um sofortige Gestattung des Zuschlags zu ersuchen, wenn dies zuvor die Vergabekammer abgelehnt hat; § 115 Abs. 2 Satz 3 GWB.

Da dem öffentlichen Auftragswesen per se ein gesteigertes öffentliches Interesse an einer zügigen Beendigung des Vergabeverfahrens immanent ist, sind an die im Gesetz genannten, überwiegenden Interessen der Allgemeinheit an einem raschen Abschluß des Vergabeverfahrens, welche zur Vorabverteilung des Zuschlags führen können, besonders hohe Anforderungen zu stellen. Das übliche besondere Interesse an einem zügigen Verfahrensfortgang kann also nicht genügen, um mit der Vorabverteilung des Zuschlags vollendete Tatsachen schaffen zu lassen.

III. Verfahren der sofortigen Beschwerde und Vorabentscheidung über den Zuschlag durch das Beschwerdegericht; §§ 116 – 123 GWB

1. Verfahren der sofortigen Beschwerde zum Oberlandesgericht

Gegen Entscheidungen der Vergabekammern, die nicht Vorabentscheidungen nach § 115 Abs. 2 GWB sind, ist nach § 116 Abs. 1 GWB die sofortige Beschwerde zum Oberlandesgericht statthaft. Sie steht allen am Verfahren vor der Vergabekammer Beteiligten zu. Die Beschwerde ist auch dann zulässig, wenn die Vergabekammer über einen Antrag auf Nachprüfung nicht innerhalb der Frist von fünf Wochen nach § 113 Abs. 1 GWB entschieden hat und dieser deshalb nach § 116 Abs. 2 GWB als abgelehnt gilt. Über die sofortige Beschwerde, die nach § 117 Abs. 1 GWB innerhalb einer nicht verlängerbaren Frist (Notfrist) von zwei Wochen, gerechnet ab Zustellung der Entscheidung der Vergabekammer, einzulegen ist, entscheidet das für den Sitz der jeweiligen Vergabekammer zuständige Oberlandesgericht; funktional zuständig ist der Vergabesenat (§ 116 Abs. 3 GWB). Die

[66] vgl. zum Ganzen Erdl, Der neue Vergaberechtsschutz, a.a.O., S. 261 ff.; Bechtold, a.a.O., § 115 RN 4, 5

Beschwerde, die bei dem Beschwerdegericht einzureichen ist, muß zugleich mit der Einlegung begründet werden; § 117 Abs. 2 S. 1 GWB. Dabei muß erklärt werden, inwieweit die Entscheidung der Vergabekammer angefochten, eine abweichende Entscheidung beantragt wird und welche Tatsachen und Beweismittel für die Beschwerde herangezogen werden; § 117 Abs. 2 S. 2 GWB.

2. Suspensiveffekt der sofortigen Beschwerde und Verlängerung der aufschiebenden Wirkung

So wie der Antrag auf Durchführung des Nachprüfungsverfahrens nach § 115 Abs. 1 GWB im Hinblick auf die Zulässigkeit der Zuschlagserteilung aufschiebende Wirkung hat, entfaltet auch die sofortige Beschwerde gegenüber der Entscheidung der Vergabekammer einen Suspensiveffekt; § 118 Abs. 1 S. 1 GWB. Die aufschiebende Wirkung entfällt allerdings nach § 118 Abs. 1 S. 2 GWB bereits zwei Wochen nach dem Ablauf der Beschwerdefrist und mithin regelmäßig vor der Entscheidung des Beschwerdegerichts in der Hauptsache. Hat die Vergabekammer den Antrag auf Vergabenachprüfung abgelehnt und wendet sich dagegen der Bieter mit der sofortigen Beschwerde, so kann deshalb das Beschwerdegericht auf Antrag des Beschwerdeführers die aufschiebende Wirkung der sofortigen Beschwerde bis zu seiner Entscheidung über den vorgenannten Zwei-Wochen-Zeitraum hinaus verlängern; § 118 Abs. 1 S. 3 GWB. Nach § 118 Abs. 2 GWB hat es bei dieser Entscheidung die Erfolgsaussichten der Beschwerde zu berücksichtigen und eine Abwägung der widerstreitenden Interessen vorzunehmen. Dieser Entscheidungsmaßstab entspricht demjenigen, welcher der Vergabekammer im Zwischenverfahren nach § 115 Abs. 2 GWB vorgegeben ist.[67]

3. Vorabentscheidung über den Zuschlag durch das Oberlandesgericht; § 121 GWB

Ist die sofortige Beschwerde bei dem Oberlandesgericht anhängig, so sieht § 121 GWB ein weiteres Zwischenverfahren über die mögliche Vorabenteilung des Zu-

[67] vgl. dazu Marx in: Jestaedt/Kemper/Marx/Prieß, a.a.O., S. 153 ff.

schlags auf Antrag des Auftraggebers vor. Dieses betrifft diejenigen Fälle, in denen der Bieter vor der Vergabekammer erfolgreich war und dem öffentlichen Auftraggeber die Erteilung des Zuschlags untersagt wurde. Hier soll dieser in die Lage versetzt werden, binnen kürzester Frist eine Entscheidung des Beschwerdegerichts über eine mögliche Voraberteilung des Zuschlags herbeizuführen. Die Anforderungen an die gerichtliche Prüfung der Sach- und Rechtslage sind dabei insbesondere wegen der knappen zeitlichen Vorgabe für die Entscheidung (fünf Wochen) besonders hoch. Außerdem werden mit einer positiven Entscheidung zugunsten des Auftraggebers unabänderliche Fakten geschaffen, so daß der Interessenabwägung in § 121 GWB enorme Bedeutung zufällt. Demnach ist es nur konsequent, wenn § 122 GWB vorsieht, daß das Vergabeverfahren nach Ablauf von zehn Tagen nach Zustellung einer für den öffentlichen Auftraggeber negativen Vorabentscheidung insgesamt als beendet gilt, wenn nicht der öffentliche Auftraggeber alle Maßnahmen zur Herstellung der Rechtmäßigkeit des Verfahrens ergreift, wie sie sich aus der Vorabentscheidung des Beschwerdegerichts erschließen. Diese Regelung korrespondiert mit der faktisch hohen tatsächlichen und rechtlichen Prüfungsdichte im Verfahren nach § 121 GWB. Lehnt danach das Oberlandesgericht die Voraberteilung des Zuschlags wegen durchgreifender Vergabefehler ab, so ist die Auftraggeberseite zwingend gehalten, diese Fehler unverzüglich abzustellen. Geschieht dies nicht innerhalb von zehn Tagen, so gilt das Vergabeverfahren definitiv als beendet.[68]

So eröffnet § 121 GWB nach den Vorstellungen des Gesetzgebers[69] dem öffentlichen Auftraggeber die Möglichkeit, das Beschwerdegericht zu einer zeitnahen Entscheidung über die Voraberteilung des Zuschlags im noch laufenden Beschwerdeverfahren zu veranlassen. Dies hält der Gesetzgeber für nötig, weil der gerichtliche Rechtsschutz, der hier gewährt wird, nicht zu einer unerträglichen Verzögerung der Vergabeverfahren führen soll. Da nach den Mutmaßungen des Gesetzgebers namentlich die Verfahren vor den Oberlandesgerichten im Durchschnitt mehrere Monate dauern könnten, sei es unerläßlich, ein besonderes ge-

[68] vgl. dazu Marx in: Jestaedt/Kemper/Marx/Prieß, a.a.O., S. 155 f.
[69] vgl. BT-Drucksache 13/9480, S. 21/22

richtliches Eilverfahren vorzusehen, in welchem innerhalb kurzer Frist entschieden werden könne, ob der Zuschlag bereits vorab erteilt werden dürfe.[70]

Entscheidungen nach § 121 GWB sind allerdings bisher nicht bekannt geworden. Das dürfte damit zusammenhängen, daß die öffentlichen Auftraggeber die Konsequenzen des § 122 GWB im Falle des Unterliegens fürchten und deshalb eher geneigt sind, den mit dem Beschwerdeverfahren verbundenen Zeitverlust hinzunehmen, als das Risiko der zwangsweisen Beendigung des gesamten Vergabeverfahrens einzugehen.

IV. Entscheidungsvarianten in der Hauptsache

Mithin ergibt sich nach §§ 107 ff GWB folgendes, nicht ganz einfaches „Entscheidungsszenario":

- der Antrag auf Vergabenachprüfung hat nach § 115 Abs. 1 GWB zuschlagsbezogene aufschiebende Wirkung. Auf Antrag der öffentlichen Vergabestelle kann jedoch die Vergabekammer, solange das Verfahren bei ihr anhängig ist, die Vorabertteilung des Zuschlags gestatten, wenn die dafür im Gesetz genannten Voraussetzungen (Interessenabwägung zugunsten der Allgemeinheit) vorliegen; § 115 Abs. 2 GWB. Gegen eine solche Entscheidung kann der Bieter das Beschwerdegericht (nur) mit dem Antrag anrufen, das Verbot des Zuschlags zunächst bis zur Entscheidung der Vergabekammer wiederherzustellen; § 115 Abs. 2 S. 2 GWB. Die spiegelbildlichen Möglichkeiten hat die öffentliche Vergabestelle; § 115 Abs. 2 S. 3 GWB;

- lehnt nunmehr im weiteren (Hauptsache-)Verfahren die Vergabekammer den Nachprüfungsantrag ab, so steht dem Bieter dagegen nach § 116 GWB die sofortige Beschwerde zum Oberlandesgericht zu, die ihrerseits nach § 118 Abs. 1 GWB zuschlagsbezogene aufschiebende Wirkung entfaltet. Die-

[70] vgl. BT-Drucksache 13/9340, S. 21

ser Automatismus endet allerdings mit dem Ablauf zweier Wochen nach der Vollendung der Beschwerdefrist, wenn nicht das Oberlandesgericht entweder bis dahin über die sofortige Beschwerde in der Sache entscheidet (was die Ausnahme sein dürfte) oder auf Antrag des Beschwerdeführers die aufschiebende Wirkung bis zu seiner Entscheidung über die Beschwerde verlängert; § 118 Abs. 1 S. 3 GWB (was die Regel sein dürfte). Für diese Verlängerungsentscheidung ist die bereits erläuterte Interessenabwägung maßgeblich;

- hat hingegen die Vergabekammer dem Antrag auf Vergabenachprüfung durch Untersagung des Zuschlags stattgegeben, so muß dieser unterbleiben, wenn und solange nicht das Beschwerdegericht die stattgebende Entscheidung der Vergabekammer aufhebt oder schon zuvor die Erteilung des Zuschlags gestattet; § 121 Abs. 1 GWB. Diese Regelung geht davon aus, daß die Beschwerde entweder kraft Gesetzes (noch) aufschiebende Wirkung hat (§ 118 Abs. 1 S. 1 GWB), oder daß die aufschiebende Wirkung der sofortigen Beschwerde durch das Oberlandesgericht nach § 118 Abs. 1 S. 3 GWB verlängert wurde. Bis zur Entscheidung über den Antrag auf Vorabertelung des Zuschlags kann das Beschwerdeverfahren ausgesetzt werden (§ 121 Abs. 2 S. 3 GWB). Die Entscheidung über die Gestattung des Zuschlags vor der Beschwerdeentscheidung ist unverzüglich, längstens jedoch innerhalb einer Frist von fünf Wochen nach Eingang des Antrags, zu treffen und zu begründen; § 121 Abs. 3 GWB. Diese Entscheidung des Beschwerdegerichts ist nach § 121 Abs. 2 GWB unanfechtbar;

- die Beschwerdeentscheidung in der Hauptsache folgt § 123 GWB. Hält danach das Oberlandesgericht die Beschwerde für begründet, so hebt es die Entscheidung der Vergabekammer auf. Es entscheidet sodann in der Sache selbst oder spricht die Verpflichtung der Vergabekammer aus, unter Berücksichtigung der Rechtsauffassung des Gerichts erneut in der Sache zu entscheiden. Außerdem stellt es auf Antrag fest, ob das antragstellende Unternehmen durch den öffentlichen Auftraggeber in seinen Rechten verletzt ist; § 123 GWB.

Dritter Teil:
Anwendungsbereich des neugestalteten Rechtsschutzsystems; § 100 Abs. 1 GWB

A. Gesetzessystematik zur Bestimmung des Anwendungsbereichs der §§ 97 ff. GWB

I. Schwellenwertabhängiger Rechtsschutz

Bereits aus dem alten Recht war bekannt, daß der europarechtlich vorgegebene Vergaberechtsschutz nur für solche öffentliche Auftragsvergaben galt, die bestimmte Auftragsschwellenwerte erreichten (vgl. § 57 b Abs. 3 HGrG a. F. i.V.m. §§ 1 Abs. 1 und 3 Abs. 1 VgV, §§ 1 a Nr. 1, 31 a Nr. 1 Abs. 3 VOL/A, 1 a VOB/A). In den Gesetzesmaterialien zum VgRÄG wird die schwellenwertbezogene Rechtsschutzgewährung tragend mit der drohenden Vielzahl der Rechtsschutzverfahren begründet, die bei einer Erstreckung des Anwendungsbereichs der §§ 97 ff. GWB unter die Auftragsschwellenwerte nach Art. 5 Lieferkoordinierungsrichtlinie, Art. 6 Baukoordinierungsrichtlinie, Art. 7 Dienstleistungsrichtlinie und Art. 14 Sektorenrichtlinie befürchtet werden.[71] Diese Sorge des Gesetzgebers wird mit dem Hinweis auf die Selbstverständlichkeit verbunden, daß die öffentlichen Auftraggeber auch unterhalb der EU-Auftragsschwellenwerte die Vorschriften des EU-Vergaberechts, insbesondere das Diskriminierungsverbot nach Art. 12 EGV, zu beachten hätten, den Wettbewerbern um Aufträge unterhalb jener Schwellenwerte also nichts genommen werde. Außerdem bestehe für juristische Personen des öffentlichen Rechts bei der Vergabe öffentlicher Aufträge die Bindung an die bekannten haushaltsrechtlichen Grundsätze namentlich der Wirtschaftlichkeit und Sparsamkeit der Haushaltsführung. Zudem werde eine ausreichende Sicherung der Bieter im Vergabeverfahren unterhalb der EU-Auftragsschwellenwerte dadurch erreicht, daß der im Wettbewerb unterlegene Bieter die Möglichkeit habe, Schadensersatz

[71] so die Begründung zum Regierungsentwurf des vergaberechtlichen Teils des GWB vom 03.12. 1997, BT-Drucksache 13/9340, S. 15

vor den ordentlichen Gerichten geltend zu machen, wenn er rechtswidrig nicht zum Zuge gekommen sein sollte.[72]

Demgegenüber geht das Richtlinienrecht davon aus, verbindliche Rechtsschutzvorgaben nur deshalb für Vergabeverfahren oberhalb der Auftragsschwellenwerte vorsehen zu wollen, weil nur Aufträge mit wirtschaftlicher Tragweite auf dem gemeinsamen Markt ausgeschrieben und einem gewissen Rechtsschutzsystem unterstellt werden sollen.[73] So heißt es in den Erwägungsgründen der Dienstleistungsrichtlinie[74], der Anwendungsbereich derselben erstrecke sich nicht auf „kleine Aufträge" unterhalb des Schwellenwertes , um „unnötige Formalitäten" zu vermeiden. In den Erwägungsgründen der Baukoordinierungsrichtlinie[75] wie auch der Lieferkoordinierungsrichtlinie[76] wird jeweils ausgeführt, daß Aufträge unterhalb des maßgeblichen Auftragsschwellenwertes „außer acht gelassen werden können"; diese „sollten daher nicht unter die Koordinierungsmaßnahmen fallen". Während die Erwägungen des Richtliniengebers wegen dessen Blickrichtung auf den gemeinsamen Markt überzeugen – die europaweite Ausschreibung wirtschaftlich relativ bedeutungsloser Aufträge wäre wohl in der Tat eher ein Markthemmnis als eine Maßnahme der Marktöffnung[77] -, gilt das nicht für das nationale Umsetzungsrecht im vierten Teil des GWB und dessen Auswirkungen für öffentliche Auftragsvergaben unterhalb der EU-Auftragsschwellenwerte. So begegnet § 100 Abs. 1 GWB, der den Anwendungsbereich des Gesetzes auf Schwellenwertaufträge beschränkt, bereits verfassungsrechtlichen Bedenken im Hinblick auf Art. 80 Abs. 1 GG, die im Gesetzgebungsverfahren wohl erahnt, aber verniedlicht wurden.[78] Außerdem wird die Beschränkung subjektiver Rechtsschutzsgewährung auf sog. Schwellenwertaufträge der großen wirtschaftlichen Bedeutung der öffentlichen Aufträge unterhalb der EU-Auftragsschwellenwerte nicht gerecht.

[72] so insbesondere Hailbronner, a.a.O., S. 25
[73] vgl. dazu Drügemöller, a.a.O., S. 79
[74] vgl. FN 10
[75] vgl. FN 10
[76] vgl. FN 10
[77] in diesem Sinne auch Bechtold, a.a.O., § 100 RN 1
[78] vgl. Hailbronner, a.a.O., S. 25

II. Bedenken an der Verfassungsmäßigkeit des § 100 Abs. 1 GWB

1. Inhalt der Regelung des § 100 Abs. 1 GWB

§ 100 Abs. 1 GWB sieht vor, daß das neue Rechtsschutzsystem nur für solche Auftragsverfahren gilt, bei denen diejenigen Auftragswerte erreicht oder überschritten werden, die durch Rechtsverordnung nach § 127 GWB festgelegt sind (Schwellenwerte). § 127 Nr. 1 GWB knüpft daran an und enthält eine Rechtsverordnungsermächtigung nach Art. 80 Abs. 1 GG dahingehend, daß die Bundesregierung mit Zustimmung des Bundesrates Regelungen zur Umsetzung der Schwellenwerte nach den Richtlinien der Europäischen Gemeinschaften über die Koordinierung der Verfahren zur Vergabe öffentlicher Aufträge in das deutsche Recht erlassen kann. Damit wird die Grundlage für einen horizontal geteilten Rechtsschutz geschaffen, nämlich für Aufträge mit einem Auftragswert in Höhe oder oberhalb der maßgeblichen Schwellenwerte einerseits, der sich inhaltlich nach §§ 97 ff. GWB richtet, und für Aufträge mit einem Gesamtauftragswert unterhalb der Schwellenwerte andererseits, für die es bei den bisherigen Regelungen außerhalb der nicht mehr existenten Vorschriften nach §§ 57 a ff. HGrG a. F. verbleibt (vgl. etwa § 31 VOB/A und die dort eröffnete Möglichkeit der formlosen Beschwerde bei einer Vergabeprüfstelle).[79]

Diese ausdrücklich erwünschte Regelungstechnik[80] führt dazu, daß die Bundesregierung durch Rechtsverordnung, wenn auch mit Zustimmung des Bundesrates, darüber entscheiden kann, in welchen Fällen das förmliche Gesetz selbst, aus dem sie die Verordnungskompetenz herleitet, Anwendung findet. Das allerdings begegnet verfassungsrechtlichen Bedenken im Hinblick auf die Vereinbarkeit dieser sehr weitgehenden Rechtsverordnungsermächtigung mit den Vorgaben des Art. 80 Abs. 1 GG.

[79] Marx in: Jestaedt/Kemper/Marx/Prieß, a.a.O., S. 143; vgl. auch Riese, a.a.O., S. 385 ff.; Schumacher, a.a.O., S. 113 ff.
[80] vgl. BT-Drucksache 13/9340, S. 12, 15

2. Inhalt und Bedeutung des Art. 80 Abs. 1 GG

Die Funktion der Gesetzgebung ist in der demokratischen Ordnung des Grundgesetzes umfassend dem Parlament zugewiesen. Der Grundsatz der Gewaltenteilung verbietet eine Übertragung dieser Funktion auf andere Verfassungsorgane und nimmt dem obersten Souverän gar die Möglichkeit, sich seiner Gesetzgebungsgewalt selbst zu entäußern.[81] Nach Art. 80 Abs. 1 GG können jedoch die Bundesregierung, ein Bundesminister oder die Landesregierungen durch Gesetz ermächtigt werden, Rechtsverordnungen zu erlassen (Rechtsverordnungsermächtigung), wobei Inhalt, Zweck und Ausmaß der Ermächtigung im Gesetz selbst bestimmt sein müssen. Verfassungsrechtliche Zulässigkeitsvoraussetzung dieser ausnahmsweisen Durchbrechung des Gewaltenteilungsgrundsatzes ist es also, daß die Normierung der gesetzlichen Essentialia in der Alleinzuständigkeit des Parlaments verbleibt, die vollziehende Gewalt folglich nur auf Detailregelungen für den Gesetzesvollzug beschränkt wird, mit denen der Gesetzgeber nicht belastet werden soll.[82] Dies korrespondiert mit der sich aus dem Rechtsstaatsprinzip und dem Prinzip des Vorbehalts des Gesetzes herleitenden Wesentlichkeitstheorie.[83]

a. Vorgaben für die Form der Umsetzung von europäischem Richtlinienrecht

Vor diesem als gesichert anzusehenden verfassungsrechtlichen Hintergrund ist anerkannt – und damit nähert man sich der verfassungsrechtlichen Problematik des § 100 Abs. 1 GWB -, daß Richtlinien nach Art. 189 EGV nicht zwingend durch nationales Parlamentsgesetz transformiert werden müssen; hierzu kann auch eine Rechtsverordnung der Bundesregierung genügen[84], wie dies also § 127 Nr. 1 GWB für die fraglichen Schwellenwertvorgaben aus den Richtlinien vorsieht. Nach

[81] BVerfG, Beschluß vom 08.06.1988 – 2 BvL 9/85 und 3/86 -, BVerfGE 78, 249, 272; Schmidt-Bleibtreu/Klein, a.a.O., Art. 80 RN 7, 8; Hesse, a.a.O., RN 524

[82] Bauer in: Dreier, a.a.O., Art. 80 RN 11

[83] vgl. dazu Schmidt-Bleibtreu/Klein, a.a.O., Art. 20 RN 26

[84] zu den Voraussetzungen vgl. Streinz in: Isensee/Kirchhof, HStR, a.a.O., § 182 RN 54 m.w.N.; vgl. dazu auch Schumacher, a.a.O., S. 56 f.

Art. 189 Abs. 3 EGV ist die Richtlinie für jeden Mitgliedstaat, an den sie gerichtet ist, hinsichtlich des zu erreichenden Regelungsziels verbindlich, überläßt jedoch den innerstaatlichen Stellen der Mitgliedstaaten die Wahl der Form und der Mittel zur Erreichung des vorgegebenen Zieles. Damit wird den Mitgliedstaaten eine Wahlfreiheit namentlich hinsichtlich der Umsetzungsform des Richtlinienrechts eingeräumt, damit diese auf die Besonderheiten des jeweiligen nationalen Rechts und der nationalen Verwaltungspraxis sachgerecht reagieren können.[85]

b. Vorgaben für die inhaltliche Umsetzung des europäischen Richtlinienrechts

Bei der Umsetzung von europäischem Richtlinienrecht in nationales Recht werden in inhaltlicher Hinsicht die Anforderungen an das Bestimmtheitsgebot nach Art. 80 Abs. 1 Satz 2 GG dann zurückgenommen, wenn der nationale Umsetzungsgesetzgeber durch die Vorgaben des Gemeinschaftsrechts ohnedies weitgehend gebunden ist, ihm also inhaltlich kaum gesetzgeberische Gestaltungsspielräume verbleiben.[86] Namentlich für den hier im Mittelpunkt der Betrachtungen stehenden Bereich der Vergabe- bzw. Marktöffnungsrichtlinien tendiert der EuGH jedoch dazu, an das nationale Umsetzungsrecht strenge Anforderungen zu stellen. So soll hier jede einzelne Bestimmung der Richtlinien im Hinblick auf den Wortlaut, den Regelungszusammenhang und die Ziele der Richtlinien daraufhin untersucht werden, ob und inwieweit inhaltliche Umsetzungsfreiräume für das nationale Recht bestehen.[87]

[85] vgl. Schumacher, a.a.O., S. 56; Groeben/Thiesing/Ehlermann, a.a.O, Art. 189 RN 39
[86] vgl. Streinz in: Isensee/Kirchhof, HStR, a.a.O., § 182 RN 54; Bauer in: Dreier, a.a.O., Art. 80 RN 91; so auch EuGH, Urteil vom 19.10.1995 – Rs. C-128/94 -, Slg. 1995 I, 3389 ff. (Hönig/Stadt Stockach)
[87] vgl. EuGH, Urteil vom 26.03.1996 –Rs C-392/93-, Slg. 1996 I, 163 ff. (The Queen/H.M. Treasury/British Communications); EuGH, Urteil vom 19.10.1995 –Rs C-128/94-, Slg. 1995 I, 3389 ff. (Hönig/Stadt Stockach); s. dazu auch Dreher, Rechtsprechung der europäischen Gerichte, a.a.O., S. 35

3. Umsetzungsrecht in §§ 100 Abs. 1, 127 Nr. 1 GWB

a. Allgemeine Vorgaben

Das vorliegend einschlägige Richtlinienrecht stellt es nach den bereits angeführten Erwägungsgründen[88] den Mitgliedstaaten durchaus frei, die vorgesehenen Schwellenwerte im Rahmen der nationalen Umsetzung mit dem Ziel einer Erweiterung des Anwendungsbereichs der Vergaberichtlinien herabzusetzen, umgrenzt also mit den Schwellenwertvorgaben einen zwingend europaweiten öffentlichen Auftragsbereich, der von den Richtlinienvorgaben mindestens, nicht aber ausschließlich erfaßt werden muß. Für den Bereich sonstiger öffentlicher Auftragsvergaben unterhalb der jeweils vorgesehenen Auftragsschwellenwerte wird eine Erstreckung des Richtlinienrechts hingegen nicht zwingend verlangt, nach dem Vorgesagten wohl aber gestattet. Der EuGH hat dazu bereits entschieden, daß die EU-Vergaberichtlinien nicht abschließend sind.[89] Die Mitgliedstaaten haben danach die Möglichkeit, zum europarechtlichen Mindeststandard des Richtlinienrechts ergänzende und erweiternde nationale Vorschriften zum öffentlichen Auftragswesen zu schaffen.[90]

Ziel der Richtlinien ist die Öffnung der Märkte im Bereich des öffentlichen Auftragswesens und der Schutz der Bieter vor der Willkür der öffentlichen Auftraggeber bei der Vergabe öffentlicher Aufträge.[91] Mit dieser Zielsetzung ist es vereinbar, wenn der einzelne Mitgliedstaat über die in den Vergaberichtlinien getroffenen Anordnungen zur Herstellung von Wettbewerb hinausgeht und in der nationalen Umsetzung weitergehendes regelt, als dies die Richtlinien mindestens verlangen.[92] Das von Seiten der Richtlinien verfolgte Ziel wird dadurch eher gefördert, als daß

[88] vgl. oben S. 30
[89] EuGH, Urteil vom 20.09.1988 – Rs. C-31/87 -, Slg. 1988, 4652, 4657 (Beentjes BV/Niederlande); ders., Urteil vom 09.07.1987 – Rs. C-27 u.a./86 -, Slg. 1988, 3368, 3373 (CEI/Belgien)
[90] vgl. Jasper, a.a.O., S. 2152; so auch EuGH, Urteil vom 11.08.1995 – Rs. C-433/95-, Slg. 1995 I, 2311 ff. (Kommission/Deutschland)
[91] so EuGH, Urteil vom 11.08.1995 –Rs. C-433/95-, Slg. 1995 I, 2311 ff. (Kommission/Deutschland)
[92] so ausdrücklich VG Koblenz, Urteil vom 08.07.1997 –2 K 2971/96.KO-, NVwZ 1999, S. 1133, 1135; bestätigt durch OVG Rheinland-Pfalz, Beschluß vom 14.01.1998 –7 A 12408/97-, NVwZ 1999, S. 1127

es in seiner Umsetzung behindert wird, so daß eine solche nationale Verfahrensweise den Vorgaben des Art. 189 Abs. 3 EGV ohne weiteres entspricht. Daß dabei allerdings diejenigen Vorgaben und Grenzen zu beachten sind, die das nationale Verfassungsrecht setzt, versteht sich nahezu von selbst.[93]

b. Verfassungsrechtliche Mängel der §§ 100 Abs. 1, 127 Nr. 1 GWB

Der damit verbundenen nationalen legislativen Gestaltungsfreiheit begibt sich der Gesetzgeber in §§ 100 Abs. 1, 127 Nr. 1 GWB unter Verstoß gegen Art. 80 Abs. 1 GG. Die Regelungen in §§ 100 Abs. 1, 127 Nr. 1 GWB weisen nämlich die Besonderheit auf, daß über den Rahmen bloßer richtliniengerechter Umsetzungsbestimmungen hinaus dem Verordnungsgeber vermittels der nationalen Gesetzestechnik zugleich die Kompetenz eingeräumt wird, mit der Umsetzung der europäischen Schwellenwertvorgaben über den Anwendungsbereich des vierten Teils des GWB verfügen zu können.

Das Bundesverfassungsgericht hat in diesem Zusammenhang die Regelung über den Zeitpunkt des Inkrafttretens eines Gesetzes nach Art. 82 Abs. 2 GG als wesentlichen Teil des Gesetzgebungsaktes angesehen, der als normative Regelung des Gesetzes in den ausschließlichen Kompetenzbereich des parlamentarischen Gesetzgebers falle und keinem anderen Verfassungsorgan übertragen werden könne.[94] Für die Bestimmung des Anwendungsbereichs eines Gesetzes, um die es in §§ 100 Abs. 1, 127 Nr. 1 GWB geht, kann nicht minderes gelten. Der Zeitpunkt des Inkrafttretens eines Gesetzes, den nach der erwähnten Rechtsprechung des Bundesverfassungsgerichts nur der Gesetzgeber bestimmen darf, entscheidet darüber, ab wann der Normbefehl gilt. Demgegenüber legt der Anwendungsbereich eines Gesetzes fest, an wen sich der Normbefehl unter welchen Voraussetzungen richtet. Beides sind gleichermaßen elementare gesetzgeberische Akte, die nicht per Rechtsverordnung auf die Exekutive übertragen werden können. Das

[93] vgl. VG Koblenz, a.a.O., S. 1136 (FN 92)
[94] BVerfG, Urteil vom 08.07.1976 – 1 BvL 19 u. 20/75 u.a.-, BVerfGE 42, 263, 282 f.

wird gerade dadurch augenfällig, daß es das umzusetzende Richtlinienrecht dem nationalen Gesetzgeber ermöglicht, weitergehendes zu regeln, als dies in den Richtlinien mindestens vorgesehen ist. Für die Regelung des § 127 Nr. 1 GWB kommt hinzu, daß es der dort gewählte Begriff der „Umsetzung" des Richtlinienrechts nicht ausschließt, das System des Rechtsschutzes im vierten Teil des GWB „nach unten" zu öffnen.[95] Denn ansonsten hätte es genügt und genügen müssen, dort den Verordnungsgeber lediglich zu ermächtigen, die Schwellenwerte aus den Richtlinien „umzurechnen", wenn es denn eines solchen Schrittes überhaupt bedurft hätte, um den Anwendungsbereich des Gesetzes bestimmen zu können. Die Richtlinien enthalten nämlich insoweit bereits unmittelbare Regelungen zur verbindlichen Bekanntmachung der Gegenwerte der jeweiligen Auftragsschwellenwerte nach den nationalen Währungen der Mitgliedstaaten, indem sie bestimmen, daß jene Gegenwerte (sowohl in ECU als auch) in den Landeswährungen der Mitgliedstaaten im Amtsblatt der Europäischen Gemeinschaften veröffentlicht werden; vgl. Art. 6 Abs. 2 a Unterabs. 2 BKR, Art. 5 Abs. 1 d LKR, Art. 7 Abs. 1 c DLR und Art. 14 Abs. 14 SKR. Die Verweisung auf diese Bekanntmachung hätte also genügt, um im Sinne des nationalen Umsetzungsrechts sicherzustellen, daß dieses nur für Aufträge Anwendung finden soll, welche im Gesamtwert diese Schwellenwerte erreichen. Der Einräumung einer Umsetzungskompetenz durch Rechtsverordnung und einer damit verbundenen Ermächtigung der Exekutive, über den Anwendungsbereich des Gesetzes selbst zu entscheiden, hätte es also unter diesem Blickwinkel nicht bedurft.

Die mit dieser Regelungstechnik geschaffenen Unklarheiten im Hinblick auf die Reichweite der in § 127 Nr. 1 GWB vorgesehenen Ermächtigung und die damit verbundenen verfassungsrechtlichen Bedenken im Hinblick auf die Übertragung eines wesentlichen gesetzgeberischen Aktes auf die Exekutive werden durch die Regelungen über die Ermittlung des anwendungskonstitutiven Auftragsschwellenwertes erheblich gefördert. Im konkreten Fall werden die auf dem vorbeschriebenen Weg festgelegten Auftragsschwellenwerte nach §§ 1-3 VgV i.V.m. §§ 1 a Nr. 1, 31 a Nr. 1 Abs. 3 VOL/A, §§ 2 Abs. 2, 20 Abs. 2 VOF bzw. § 1 a VOB/A im

[95] vgl. Faber, a.a.O., S. 413; Dreher, Neugestaltung, a.a.O., S. 344

Wege der Schätzung durch den ausschreibenden öffentlichen Auftraggeber ermittelt. An diese Schätzung sollen allenthalben „keine übertriebenen Anforderungen" gestellt werden.[96] Der öffentliche Auftraggeber genügt den ihm dabei obliegenden Sorgfaltspflichten, wenn er die voraussichtlich entstehenden Gesamtkosten des Auftrags einschließlich der Kosten für beizustellende Stoffe oder für eigene Leistungen anhand eines Preisspiegels oder sonstiger Hilfen ermittelt.[97] Zu berücksichtigen sind dabei besondere Regelungen für losweise Vergaben (vgl. z. B. § 1 a Nr. 1 Abs. 2 VOB/A), für Leistungen mit überwiegendem Lieferanteil (vgl. z. B. § 1 a Nr. 2 VOB/A) und das Verbot von Umgehungshandlungen bei der Auftragsschätzung (vgl. z. B. § 1 a Nr. 4 VOB/A).

Damit aber entscheidet die Exekutive als Normadressatin auf zweierlei Weise selbst darüber, ob das Gesetz auf ihr eigenes Vergabeverhalten Anwendung finden soll, nämlich vermittels der in §§ 100 Abs. 1, 127 Nr. 1 GWB eingeräumten Ermächtigung einerseits und über die ihr im jeweiligen Einzelfall obliegende Schätzung des mutmaßlichen Gesamtauftragswertes andererseits. Bereits unter der Ägide der haushaltsrechtlichen Lösung führte die Schätzungskompetenz des öffentlichen Auftraggebers zu zahlreichen Auseinandersetzungen über die von dem Ergebnis der Schätzung abhängige Begründung subjektiver Rechte der Bieter im Vergabeverfahren und der Anwendbarkeit des spezifischen Vergaberechtsschutzes.[98] Diese Entwicklung scheint sich nahezu erwartungsgemäß für die Regelung in § 100 Abs. 1 GWB fortzusetzen.[99] Schätzt der öffentliche Auftraggeber, an den insoweit keine übertriebenen Anforderungen zu stellen sind[100], den mutmaßlichen Gesamtauftragswert versehentlich zu niedrig und auf einen Betrag unterhalb der EU-Auftragsschwellenwerte (so für einen Bauauftrag auf „nur" etwa neun Mio. DM), erreicht der Auftrag aber später einen weit über der vorgängigen Schät-

[96] Ingenstau/Korbion, a.a.O., § 1 a RN 3
[97] Ingenstau/Korbion, a.a.O., § 1 a RN 3
[98] vgl. z.B. VÜA Baden-Württemberg, Beschluß vom 11.11.1996 – 1 VÜ 7/96 -, EVgRE Nr. IV 2.2; VÜA Nordrhein-Westfalen, Beschluß vom 21.05.1997 – 424-84-41-12/97 -, EVgRE Nr. IV 10.6; ders., Beschluß vom 20.10.1997 – 424-84-41-15/97 -, EVgRE Nr. IV 10.10
[99] vgl. 2.Vergabekammer des Bundes; Beschluß vom 23. Juli 1999 –VK 2-18/99-, Europa kompakt 1999, 153 und KG, Beschluß vom 24. August 1999 – Kart Verg 5/99 - , Europa kompakt 1999, 153; Bechtold, a.a.O., § 100 RN 3
[100] so Ingenstau/Korbion, a.a.O., § 1 a RN 3

zung[101] liegende tatsächliche Auftragssumme (so für den nämlichen Bauauftrag unterstellte 11 Mio. DM), so bleibt es de lege lata ohne Folgen, wenn wegen der fehlerhaften Schätzung weder ein europaweites Vergabeverfahren stattgefunden hat noch im unterstellt rechtswidrigen Vergabeverfahren mangels Anwendung des vierten Teils des GWB dem rechtswidrig übergangenen Bieter kein Rechtsschutz nach §§ 102 ff. GWB gewährt wurde. Ob dem von der fehlerhaften Schätzung in einem solchen Falle betroffenen Bieter Schadensersatzansprüche nach Art. 34 GG, § 839 BGB gegen den Rechtsträger des fehlsam schätzenden öffentlichen Auftraggebers zustehen, ist derzeit offen, für den Bieter jedoch im wahrsten Sinne des Wortes von nur sekundärer Bedeutung.

Damit führt die beschriebene Konstruktion der Rechtsverordnungsermächtigung der Exekutive wegen der zugleich eröffneten weiteren Möglichkeit der Schätzung des mutmaßlichen Auftragswertes zu dem verblüffenden Befund, daß der Adressat des formellen Gesetzes in weiten Teilen selbst darüber entscheiden kann, ob das Gesetz auf ihn Anwendung finden soll. Verfassungskonform und den Vorgaben des Art. 80 Abs. 1 GG entsprechend dürfte daher alleine eine Regelung sein, derzufolge der Gesetzgeber selbst über den Anwendungsbereich des Gesetzes in Ausfüllung der ihm durch das Richtlinienrecht überlassenen Spielräume entscheidet, und wonach es außerdem ausgeschlossen ist, das Nachprüfungsverfahren nach §§ 107 ff. GWB mit der Begründung nicht einzuleiten, der der konkreten Vergabe zugrunde liegende Gesamtauftragswert erreiche nicht den maßgeblichen EU-Auftragsschwellenwert. Hierzu muß, wie bereits die Praxis zeigt[102], eine Möglichkeit der gerichtlichen Nachprüfung des Schätzungsvorganges selbst eröffnet werden.[103] Nur auf diese Weise können Bieter vor ungerechtfertigten Rechtsschutzverkürzungen bewahrt und die aufgezeigten verfassungsrechtlichen Bedenken an der jetzigen Regelungskonstruktion der §§ 100 Abs. 1, 127 Nr. 1 GWB überwunden werden.

[101] zum maßgeblichen Zeitpunkt vgl. etwa § 1 a Nr. 3 VOB/A
[102] vgl. die Entscheidungen nach FN 98
[103] in diese Richtung geht wohl auch die Entscheidung des OLG Celle, Beschluß vom 17.11.1999 – 13 Verg 6/99 -, Europa kompakt 1999, S. 185

Vierter Teil:
Tatsächliche und rechtliche Auswirkungen des „großen Schwellenwertrechtsschutzes“

A. Wirtschaftliche Bedeutung der Aufträge unterhalb der EU-Auftragsschwellenwerte

Das vorbeschriebene Rechtsschutzsystem der §§ 107 ff. GWB bleibt wegen der dargestellten, beschränkten Anwendbarkeit alleine in der Spitze der öffentlichen Aufträge ohne praktische Auswirkungen und damit ohne Nutzen für weite Bereiche insbesondere der mittelständischen Wirtschaft.[104] Das belegt die Wertstruktur der relevanten öffentlichen Aufträge einerseits und zeigen die bisherigen Verfahrenszahlen der Vergabekammern des Bundes und der Länder auf der Grundlage des neuen Rechts andererseits. Mit der zunehmenden Verrechtlichung des gesamten öffentlichen Auftragswesens[105] geht damit für überwiegende Teile der davon Betroffenen keinerlei Möglichkeit der förmlichen Rechtsverfolgung einher. Dieser Zustand bzw. diese Entwicklung birgt indessen die Gefahr in sich, daß perspektivisch eine große Kluft zwischen geltendes (Vergabe)Recht und Praxis der Rechtsanwendung gerissen wird.[106] Denn mangels Möglichkeit, von außen eine bestimmte Rechtsanwendungspraxis der öffentlichen Hand auf den Prüftstand einer gerichtlichen Nachprüfung stellen zu können, entwickelt sich weder eine Notwendigkeit, geltendes Recht und Praxis der Rechtsanwendung in Einklang zu bringen, noch wird die Transparenz der Rechtsanwendung über den jeweiligen Einzelfall und die Binnengrenzen seiner Bedeutung hinaus gefördert. In der Praxis der Rechtsberatung erweist sich dies als erhebliches Defizit für den Wettbewerber um einen öffentlichen Auftrag, da dessen rechtliche Position im Vergabeverfahren für Aufträge unterhalb der EU-Auftragsschwellenwerte im Vergleich zu derjenigen des öffentlichen Auftraggebers erheblich schwächer ist, mag dieser auch noch so rechtsfeh-

[104] vgl. „Handelsblatt“ vom 14./15.05.1999; Eggenberger, a.a.O., S. 15
[105] vgl. dazu Pietzcker, Die neue Gestalt, a.a.O., S. 429 ff.; Dreher, Zukunft des Vergaberechts, a.a.O., S. 1265 ff.
[106] dieses Risiko sieht auch Pietzcker, Die neue Gestalt, a.a.O., S. 432

lerhaft verfahren. Dies allerdings geht an der großen wirtschaftlichen Bedeutung des betroffenen Marktes trefflich vorbei.

I. Strukturen der öffentlichen Aufträge

1. Wertstruktur der öffentlichen Aufträge

Über den Gesamtwert der öffentlichen Aufträge von Bund und Ländern (einschließlich derjenigen von Regiebetrieben und Beteiligungsfirmen der öffentlichen Hand) liegen keine exakten Erhebungen vor, sondern bislang ausschließlich Schätzungen. Das Statistische Bundesamt verfügt seit September 1999 über noch nicht veröffentlichte Ergebnisse einer im Auftrag der Europäischen Kommission erstellten Studie über Volumen und Struktur der öffentlichen Beschaffungen in Deutschland, die sich auf das Jahr 1995 rückbezieht.[107] Nach den Ergebnissen dieser Studie wird das Volumen der öffentlichen Beschaffungen im Jahre 1995 auf etwa 310 Milliarden DM veranschlagt, dies ohne die Auftragsvergaben aus den Sektoren Trinkwasser- und Energieversorgung, Verkehrs- und Fernmeldewesen. Dieser Marktbereich wird mit weiteren 100 Milliarden DM Beschaffungsvolumen beziffert.

Von den etwa 310 Milliarden DM Gesamtbeschaffungsvolumen entfallen nach Mitteilung des Statistischen Bundesamtes[108] etwa 120 Milliarden DM (entsprechend etwa 38 %) auf öffentliche Unternehmen, der übrige Teil auf Bund, Länder und Gemeinden. Von den mithin dort verbleibenden, etwa 190 Milliarden DM entfällt wiederum auf den Bund ein Anteil von etwa 40 Milliarden DM (entsprechend etwa 21 % des Gesamtanteils von Bund, Ländern und Gemeinden), auf die Länder etwa 44 Milliarden DM (entsprechend etwa 23 % des Gesamtanteils) und auf die Kommunen etwa 106 Milliarden DM (entsprechend etwa 56 % des Gesamtan-

[107] die Studie soll nach Mitteilung des Statistischen Bundesamtes voraussichtlich im Herbst 2000 veröffentlicht werden; bis dahin sei es nicht möglich, irgendwelche schriftlichen Unterlagen in Bezug auf die Studie herauszugeben

[108] die Auskünfte wurden aus den genannten Gründen nur mündlich erteilt

teils). Diese Erhebungen des Statistischen Bundesamtes entsprechen recht genau der Antwort der Bundesregierung auf eine Große Anfrage im Deutschen Bundestag zur Veränderung der Vergabeverfahren bei öffentlichen Aufträgen, die ebenfalls auf die Zahlen für das Jahr 1995 Bezug nimmt.[109] Jedoch erfolgt weder hier noch dort eine Aufteilung der öffentlichen Aufträge in solche ober- und unterhalb der EU-Auftragsschwellenwerte aus den Marktöffnungsrichtlinien.[110] Allerdings geht das Statistische Bundesamt davon aus, daß 56 % aller berücksichtigten Aufträge an Unternehmen mit weniger als 200 Beschäftigten vergeben wurden.

2. Strukturen der Auftraggeber und der Auftragnehmer

Aus diesen sich aus dem dargestellten Zahlenwerk ergebenden Zusammenhängen erschließt sich zum einen, daß Hauptauftraggeber auf dem Markt der öffentlichen Beschaffungen die Städte und Gemeinden sind, nicht hingegen – und wohl wider Erwarten – der Bund, obschon dieser über so ausgabenintensive Bereiche wie diejenigen der Verteidigung oder des Schutzes der Grenzen verfügt, und obschon dieser im Jahre 1995 alleine im Umfang von 16,5 Milliarden DM Direktaufträge in den neuen Bundesländern vergeben hat.[111]

Die Bundesrepublik Deutschland gliedert sich unterhalb der Länderebene in 32 Regierungsbezirke, 323 Landkreise, 116 kreisfreie Städte und 14458 Gemeinden[112] mit der Folge, daß sich das beschriebene Auftragsvolumen jener Gebietskörperschaften (im Jahre 1995 also rund 106 Milliarden DM) sehr breit verteilt. Nimmt man zum anderen in den Blick, daß, wie dargestellt, über die Hälfte der kommunalen öffentlichen Aufträge an mittelständische Unternehmen mit weniger als 200 Beschäftigten vergeben wurden, so zeichnet sich die große wirtschaftliche Bedeutung dieses Marktes gerade für die mittelständische Wirtschaft ab, und zwar

[109] vgl. BT-Drucksache 13/7137, S. 2/3
[110] vgl. oben FN 10
[111] vgl. BT-Drucksache 13/7137, S. 5
[112] Statistisches Jahrbuch 1997 für die Bundesrepublik Deutschland, S. 48, Stand der Verwaltungsgliederung: 01.01.1997

auch dann noch, wenn man zur Entschärfung dieser Situation mehr oder weniger vorsorglich unterstellen wollte, daß nur 50 % dieser relevanten Aufträge solche mit Gesamtwerten unterhalb der EU-Auftragsschwellenwerte sein mögen. Es verbliebe dann immer noch ein Milliardenmarkt, der zwar regulierenden Vergabevorschriften unterliegt, nicht aber effektiven Rechtsgewährleistungen der an diesem Marktgeschehen Beteiligten.

II. Entwicklung der Verfahren vor den Vergabekammern des Bundes und der Länder per 30. September 1999

1. Verfahrensentwicklung unter der Geltung der haushaltsrechtlichen Lösung nach §§ 57 a ff. HGrG a. F.

Über die diesen Auftragsvolumina gegenüberstehende Anzahl der Vergabenachprüfungsverfahren vor den (ungezählten) Vergabeprüfstellen in Bund und Ländern und/oder vor den Vergabeüberwachungsausschüssen nach §§ 57 a ff. HGrG a. F. liegen keine belastbaren Zahlen vor. Alleine für den Bereich der Bundesverwaltung ist bekannt, daß bei den Vergabeprüfstellen bis zum 30. November 1996 nicht weniger als 946 Anträge eingegangen waren, hingegen beim Vergabeüberwachungsausschuß nur 45 Anträge.[113]

In der vergaberechtlichen Beratungspraxis war in Übereinstimmung damit zuletzt ein deutlicher Trend zu (großer) Zurückhaltung gegenüber den Instrumentarien der §§ 57 a ff. HGrG a. F. festzustellen, dies insbesondere wegen der beschriebenen Ineffektivität des danach gewährten „Rechtsschutzes“ und der bis zuletzt nach § 57 c Abs. 10 HGrG a. F. ungeklärten Kostenfragen.

[113] vgl. BT-Drucksache 13/7137, S. 6

2. Verfahren nach §§ 107 ff. GWB vor den Vergabekammern des Bundes und der Länder

Im Rahmen dieser Arbeit wurden alle Vergabekammern in Bund und Ländern[114] um Auskünfte zur Anzahl, zum Stand oder zum Abschluß der dort jeweils anhängig gemachten oder noch anhängigen Verfahren nach §§ 107 ff. GWB ersucht.[115] Die Auswertung der übermittelten Verfahrenszahlen zeichnet folgendes Bild über die Inanspruchnahme des neugeschaffenen Rechtsschutzes:

- Vergabenachprüfungsanträge insgesamt: 244; davon vor den beiden Vergabekammern des Bundes 25; im übrigen schwanken die Eingangszahlen in den Bundesländern sehr stark (z.B. Brandenburg: 36; Baden-Württemberg: 22; Sachsen-Anhalt/RP Halle: 21; Sachsen-Anhalt/RP Magdeburg: 20; Sachsen: 19; hingegen Hamburg/Finanzbehörde: 5; Hamburg/Baubehörde: keine; Rheinland-Pfalz: 1; Bremen: keine);

- von diesen Verfahren betrafen
  den Baubereich nach der Baukoordinierungsrichtlinie[116]: 160
  den Lieferbereich nach der Lieferkoordinierungsrichtlinie[117]: 45
  den Dienstleistungsbereich nach der Dienstleistungsrichtlinie[118]: 36
  den Sektorenbereich nach der Sektorenrichtlinie[119]: 3;

- in den Verfahren traten insgesamt sechs nicht-nationale Antragsteller aus anderen EG-Mitgliedstaaten auf; das entspricht einer Quote von 2,1 % aller Antragstellungen im Bezugszeitraum;

[114] es existieren derzeit zwei Vergabekammern des Bundes und insgesamt 31 Vergabekammern in den Ländern
[115] nicht weiterführend oder gar nicht geantwortet haben die Vergabekammer(n) Berlin, Hamburg (teilweise), Niedersachsen (teilweise), Nordrhein-Westfalen und Thüringen; die etwaigen Verfahren vor diesen Vergabekammern konnten also vorliegend keine Berücksichtigung finden. Nach § 23 des Entwurfs der Beschaffungsverordnung (vgl. FN 26) besteht allerdings künftig eine Verpflichtung zur Mitteilung der Verfahren vor den Vergabekammern gegenüber dem Bundesministerium für Wirtschaft, dies erstmals zum 31.01.2001 für die Verfahren des Jahres 2000
[116] vgl. FN 10
[117] vgl. FN 10
[118] vgl. FN 10
[119] vgl. FN 10

- die Quote der Antragsrücknahmen lag bei mindestens 34 % aller Anträge; diejenigen der unzulässigen Anträge bei etwa 33 %, so daß Sachentscheidungen in etwa einem Drittel aller anhängigen Verfahren erforderlich wurden.

Aus diesen Zahlen läßt sich zunächst allgemein herleiten, daß sich die Inanspruchnahme des neu geschaffenen Vergaberechtsschutzes in (den erwarteten und gewollten) Grenzen hält. So können etwa die Vergabekammern des Bundes trotz des mit dem Umzug des Sitzes der Bundesregierung von Bonn nach Berlin verbundenen, unmittelbar oder mittelbar erhöhten öffentlichen Auftragsvolumens und trotz der hohen Direktinvestitionen des Bundes in den neuen Bundesländern[120] lediglich 25 Verfahren aufweisen. Soweit namentlich in Brandenburg 36 Verfahren anhängig gemacht wurden, bleibt dort zu berücksichtigen, daß zunächst nur drei der Antragsteller den zur Betreibung des Verfahrens notwendigen Kostenvorschuß leisteten[121]; am 30. September 1999 waren noch 21 Vorschußzahlungen offen und weitere sieben Anträge zurückgenommen. Überhaupt fällt eine sehr große Zahl von Antragsrücknahmen und eine ebenso großer Anteil unzulässiger Anträge auf; in der Sache mußte unterdurchschnittlich wenig entschieden werden.

Neben der daraus sich ergebenden, wenig praktischen Bedeutung der Verfahren fällt weiter auf, daß die Antragsteller bis auf eine verschwindend geringe Zahl nationale sind. Das belegt, daß der aufgezeigte Rechtsschutz jedenfalls gegenwärtig im Schwerpunkt alleine national nachgefragt wird, mithin also dort das Bedürfnis nach einem Primärrechtsschutz im Vergaberecht weitaus größer ist, als dies für den europaweiten Bereich gilt. In der Zusammenschau mit der dargestellten Wertstruktur der öffentlichen Aufträge zeigt dies auf, wo tatsächlich das reale Bedürfnis für die Einräumung subjektiver Vergaberechte und eines damit korrespondierenden förmlichen Primärrechtsschutzes liegt, nämlich allenthalben im Markt- und Auftragnehmerbereich unterhalb der EU-Auftragsschwellenwerte.

[120] vgl. dazu BT-Drucksache 13/7137, S. 5
[121] vgl. zu der damit verbundenen Problematik unten, S. 82

B. Rechtliche Konsequenzen aus der bloßen Gewährung „großen Schwellenwert-Rechtsschutzes“

I. Janusköpfigkeit vergaberechtlicher Bestimmungen

1. Auswirkungen der Zweiteilung des Vergaberechtsschutzes

Schon frühzeitig wurde in der Literatur darauf hingewiesen, daß mit dem Inkrafttreten der §§ 97 ff. GWB für den Rechtsschutz bei öffentlichen Auftragsvergaben ein Zwei-Klassen-System eingeführt wird.[122] Diese Zweiteilung lag allerdings auch schon der haushaltsrechtlichen Lösung zugrunde, fiel dort jedoch wegen der ohnehin gegebenen Ineffektivität des gesamten Regelungssystems nicht besonders ins Gewicht.[123] Vor dem dargestellten Hintergrund der wirtschaftlichen Bedeutung der öffentlichen Aufträge unterhalb der EU – Auftragsschwellenwerte ist deren (fortgesetzte) Vernachlässigung im Hinblick auf einen effektiven Vergaberechtsschutz sachlich jedoch nicht mehr zu rechtfertigen.

Rechtlich führt die schwellenwertabhängige Gewährung des Rechtsschutzes nach §§ 97 ff. GWB zu einer weiteren Besonderheit. Bestimmungen über das Vergabeverfahren, deren Beachtung im Falle der Anwendbarkeit des Gesetzes nach §§ 100 Abs. 1, 97 Abs. 7 GWB verlangt werden kann, stellen in diesem Fall nunmehr anerkanntermaßen einklagbare subjektive Rechte des Bieters im Wettbewerb um einen öffentlichen Auftrag dar.[124] Das entspricht der Forderung des EuGH in seinem gegen die Bundesrepublik Deutschland ergangenen Urteil vom 11.08.1995, wonach die Vergaberichtlinien den Bieter vor Willkür des öffentlichen Auftraggebers schützen sollen und ein solcher Schutz nur wirksam werden könne, wenn sich der Bieter gegenüber dem öffentlichen Auftraggeber auf die Richtlinien berufen und ggf. deren Verletzung vor den nationalen Gerichten geltend machen kön-

[122] vgl. Dreher, Anwendungsbereich, a.a.O., S. 2588; ders., Neugestaltung, S. 343; Jasper, a.a.O., S. 2152

[123] vgl. dazu Faber, a.a.O., S. 412

[124] so schon Pietzcker, a.a.O., Änderungen des Rechtsschutzes, a.a.O., S. 503/504; Jasper, a.a.O., S. 2154; relativ deutlich auch die Gesetzesmaterialien, Begründung zum Regierungsentwurf des VgRÄG, BT-Drucksache 13/9340, S. 12, 14; ferner Bechtold, a.a.O., § 97 RN 43; Erdl, Neues Vergaberecht, a.a.O., S. 1341

ne.[125] Wegen der gestaffelten Anwendbarkeit der einzelnen Abschnitte der Verdingungsordnungen kann ein und derselben Regelung bald die Qualität eines subjektiven Rechts zukommen, bald nur diejenige einer objektiven Verfahrensregel ohne drittschützende Wirkung. Verdeutlicht sei dies etwa an der Bestimmung des § 24 VOB/A. Danach darf der öffentliche Auftraggeber nach Öffnung der Angebote bis zur Zuschlagserteilung mit einem Bieter nur verhandeln, um sich über seine Eignung, insbesondere seine technische und wirtschaftliche Leistungsfähigkeit, das Angebot selbst, etwaige Änderungsvorschläge und Nebenangebote, die geplante Art der Durchführung, etwaige Ursprungsorte oder Bezugsquellen von Stoffen oder Bauteilen zu unterrichten und um sich über die Angemessenheit der Preise zu informieren (§ 24 Nr. 1 Abs. 1 VOB/A). Nach § 24 Nr. 3 VOB/A sind andere Verhandlungen, insbesondere über Änderung der Angebote oder Preise, unstatthaft (von den dort genannten Ausnahmen abgesehen)[126].

Diese Regelung ist in Bauauftragsbereichen unterhalb der EU-Auftragsschwellenwerte anwendbar, wenn für den nachfragenden öffentlichen Auftraggeber (wie regelmäßig) eine entsprechende Anwendungsverpflichtung hinsichtlich der Verdingungsordnungen durch haushaltsrechtliche Vorgaben besteht (vgl. z.B. §§ 31 Abs. 2 LHO NW, 31 Abs. 2 GemHVO NW). Nach § 97 Abs. 5 GWB i.V.m. § 6 VgV in der Entwurfsfassung nach Anlage 2 zur Begründung des Gesetzentwurfs der Bundesregierung zum VgRÄG[127], nach § 7 des Entwurfs der Beschaffungsverordnung[128] bzw. auch nach § 3 VgV in der derzeit noch geltenden Fassung vom 22. 02.1994[129] haben die Auftraggeber bei der Vergabe von Bauaufträgen die Bestimmungen des 2. Abschnitts des Teiles A der VOB/A anzuwenden. Über diese „Relaisstation"[130] unterfällt § 24 VOB/A als Regelung (auch) des 2. Abschnitts der VOB/A den „Bestimmungen über das Vergabeverfahren" nach § 97 Abs. 7 GWB,

[125] EuGH, Urteil vom 11.08.1995 –Rs. C-433/93-, Slg. 1995 I, 2311 ff.; a. A. wohl Schumacher, a.a.O., S. 69 ff.
[126] vgl. wegen der Einzelheiten Ingenstau/Korbion, a.a.O., VOB/A, § 24 RN 19; zum Nachverhandlungsverbot vgl. auch 2. Vergabekammer des Bundes, Beschluß vom 09.09.1999 – VK 2-24/99 -, Europa kompakt 1999, S. 185
[127] BT-Drucksache 13/9340, S. 29
[128] vgl. oben FN 26
[129] BGBl. I S. 321
[130] so der Begriff bei Gröning, Rechtsschutzqualität und Verfahrensbeschleunigung, a.a.O., S. 372

deren Geltung der einzelne Bewerber im Wege subjektiven Rechtsschutzes beanspruchen kann. Verhandelt nunmehr in einem fiktiven öffentlichen Vergabeverfahren der öffentliche Auftraggeber zuwider des Verbotes in § 24 Nr. 3 VOB/A nach der Submission mit einem bis dahin nachrangigen Bieter über eine für zweckdienlich gehaltene Angebotsänderung oder gar über eine nachträgliche Reduzierung des Angebotsendpreises, wodurch diesem Bieter ein erheblicher Wettbewerbsvorteil zuteil wird, so wird die rechtliche Misere dieser Regelungstechnik offenkundig:

Im Vergabeverfahren mit einem Gesamtauftragswert oberhalb des maßgeblichen Schwellenwertes und damit im Anwendungsbereich der §§ 97 ff. GWB stünde dem dadurch massiv benachteiligten Mitbewerber die gesamte dargestellte Klaviatur des kartellrechtlichen Vergaberechtsschutzes zur Verfügung, während der Mitbewerber im Auftragsbereich unterhalb der EU-Auftragsschwellenwerte und damit außerhalb des Anwendungsbereiches der §§ 97 ff. GWB de lege lata rechtsschutzlos gestellt wäre (von nicht-förmlichen Rechtsbehelfen diverser Art und einem möglichen Schadensersatzanspruch aus c.i.c. einmal abgesehen).[131] Die Regelung des § 24 VOB/A, die erheblich zu einem „sauberen“ Wettbewerb beiträgt, verändert damit ihren Rechtscharakter als bloße objektive Verfahrensregel einerseits oder als subjektive Schutznorm andererseits in Abhängigkeit vom geschätzten Gesamtwert des jeweiligen Auftrags, in dessen Zusammenhang sie Anwendung findet.

Den klassischen Kriterien für die Einordnung einer Norm des materiellen Rechts als eine Rechtsvorschrift, die nicht nur objektives Recht setzt, sondern auch und zugleich dem Schutze Dritter zu dienen bestimmt ist, wird diese Anbindung an einen im Wege der Schätzung ungefähr zu ermittelnden Gesamtauftragswert und damit an ein rein quantitatives Moment, wie zu zeigen ist, nicht gerecht.

[131] vgl. dazu Ingenstau/Korbion, a.a.O., VOB/A § 24 RN 19

2. Heranziehung der Schutznormtheorie zur Ermittlung subjektiver Rechtsgewährleistungen

Um die subjektiv-rechtliche Komponente einer Vorschrift des objektiven Rechts zu ermitteln, bedient sich Rechtsprechung und Literatur trotz vielfacher kritischer Novellierungsbemühungen der sog. Schutznormtheorie.[132] In der klassischen Ausprägung dieser Theorie wurde zur Klärung der Frage, ob durch einen Rechtssatz zumindest auch Individualinteressen geschützt werden, auf den zu erforschenden Willlen des Gesetzgebers abgestellt.[133] Neuere Überarbeitungen dieses Ansatzes entwickeln demgegenüber differenziertere Ermittlungskriterien.[134] Danach soll sich der Blick zuerst auf die normative Basis der Vorschrift im einfachen Recht wenden. Fehlen dort (wie häufig) eindeutige Aussagen zur Drittbezogenheit des Rechtssatzes, so ist im weiteren zu prüfen, ob die jeweilige Norm (auch) Individualinteressen zu dienen bestimmt ist. Diese Prüfung hat nicht nur den Willen des Gesetzgebers zu erforschen, sondern auch das Normgefüge zu berücksichtigen, dem sie entstammt, außerdem die Ausstrahlungswirkung grundrechtlicher Schutzgewährungen. Daraus ergibt sich sodann ein „Kanon von Methoden und Regeln“, der zur Ermittlung des drittschützenden Charakters eines Rechtssatzes insgesamt heranzuziehen ist.[135]

3. Quantifizierung subjektiver Rechte oder deren Voraussetzungen ?

Wie kritisch man auch die der Schutznormtheorie zugrunde liegende Methodik zur Ermittlung subjektiver Schutzwirkung objektiven Rechts betrachten mag[136], so bleibt doch als Minimalergebnis sämtlicher Klärungsbemühungen festzuhalten, daß die Eigenschaft eines Rechtssatzes als ein solcher mit subjektiv-rechtlicher Wirkung ein rein qualitatives rechtliches Merkmal darstellt. Demgegenüber gehen §§ 100 Abs. 1, 127 Nr. 1 GWB davon aus, daß die Verwandlung eines Satzes des

[132] vgl. dazu den Überblick bei Bauer, a.a.O., S. 585
[133] vgl. Bühler, a.a.O., S. 42 f., 45
[134] vgl. Schmidt-Aßmann in: Maunz/Dürig/Herzog/Scholz, a.a.O., Art. 19 RN 128 ff.
[135] so Schmidt-Aßmann in: Maunz/Dürig/Herzog/Scholz, a.a.O., Art. 19 RN 78
[136] vgl. zu den Anwendungsuntersicherheiten Bauer, a.a.O., S. 604

objektiven (Vergabe-) Rechts in einen solchen mit subjektiver Schutzwirkung von dem Vorliegen einer rein quantitativ definierten Voraussetzung, dem mutmaßlichen Gesamtauftragswert, abhängt. Gewiß ist zu berücksichtigen, daß die Lehre von der Schutznorm ein gewisses Maß an „Entwicklungsoffenheit“ [137] aufbringen muß, um Wandlungen im Denken der Rechtsunterworfenen in sich aufnehmen und umsetzen zu können. Der „Kanon von Methoden und Regeln“, welcher zur Schutznormermittlung zur Verfügung stehen muß, und der, soll die nötige Flexibilität in der Anwendung nicht verloren gehen, nicht abschließend bestimmbar ist, könnte es so gesehen auch ermöglichen, ein quantitatives Moment zur Bestimmung subjektiver Rechtssätze zu berücksichtigen.

Störend ist an dieser Überlegung allerdings, daß zumindest im hier untersuchten Bereich bei genauer Betrachtung vermittels solcher quantitativer Vorgaben ein Zugangsproblem im Rahmen eines bestehenden Rechtsschutzsystems gelöst werden soll, wurde doch im Gesetzgebungsverfahren zum VgRÄG gerade die Beschränkung des neuen Vergaberechtsschutzes auf „große“ Aufträge mit dem Bedürfnis nach der Verhinderung von Massenverfahren begründet.[138] Dafür bedarf es jedoch nicht komplizierter Umwege über die dann erforderliche (teilweise) Neubestimmung der Schutznormtheorie, um auf diese Weise künftig subjektive Rechte auch quantitativ bestimmen zu können, sondern schlicht der (klassischen) Steuerung im Verfahrensrecht. Ergibt sich unter Zugrundelegung der Kriterien der Schutznormtheorie ein Katalog von Vergabevorschriften, die zumindest auch dem Schutz des Bieters zu dienen bestimmt sind, so steht deren subjektiver Rechtscharakter ungeachtet des Gesamtwertes des jeweiligen öffentlichen Auftrags, in dessen Rahmen sie Geltung erlangen, fest. Unter Beachtung der verfassungsrechtlichen Anforderungen aus Art. 19 Abs. 4 GG entscheidet sodann der Gesetzgeber in einem nächsten Schritt, auf welche Weise und unter welchen verfahrensrechtlichen Voraussetzungen und Bedingungen der einzelne berechtigt sein soll, die subjektiven Rechtsgewährleistungen durchzusetzen. Diese zutreffende Vorgehensweise hat der Gesetzgeber des VgRÄG allerdings aus unbegründeter Sor-

[137] so der Begriff bei Bauer, a.a.O., S. 629
[138] vgl. Begründung zum Regierungsentwurf VgRÄG, BT-Drucksache 13/9340, S. 15

ge[139] vor nicht zu bewältigenden Massenverfahren gescheut. Die Verfahrensordnungen beinhalten üblicherweise Wertgrenzen für die Eröffnung von Rechtsmittelzügen (vgl. z.B. § 511 a ZPO, § 131 Abs. 2 VwGO a.F.). Nach §§ 495 a ff. ZPO ist es möglich, Bagatellrechtsschutz unterhalb einer bestimmten Wertgrenze von vornherein gewissen Verfahrensvereinfachungen zu unterwerfen. Richtiger Anknüpfungspunkt für die Verhinderung unerwünschter Verfahrenshäufungen ist demzufolge das Verfahrensrecht oder die Ausformung des materiellen Rechts, nicht aber die Verleihung einer Doppelnatur an Vorschriften des materiellen Rechts als bisweilen subjektive, bisweilen nicht subjektive Rechte.

Aus alledem ergibt sich ein mehrfaches:

Die Versubjektivierung vergaberechtlicher Bestimmungen ausschließlich im Bereich oberhalb der EU-Auftragsschwellenwerte stellt unter Zugrundelegung der Schutznormtheorie einen bedenklichen Systembruch dar, der wegen der vergleichsweise größeren nationalen Wettbewerbsbedeutung der öffentlichen Aufträge unterhalb der maßgeblichen Schwellenwerte sachlich nicht zu rechtfertigen ist. Die quantitative Bestimmung subjektiver Vergaberechte begegnet kaum überwindbaren Bedenken. Das fordert es heraus, den Vergaberechtsschutz für die Auftragsbereiche unterhalb der EU-Auftragsschwellenwerte sich nicht länger selbst zu überlassen, sondern gänzlich neu zu ordnen, um die dargestellten Bedenken am bestehenden Rechtsschutzsystem jedenfalls teilweise auszuräumen und die schon im Gesetzgebungsverfahren zum VgRÄG erkannte „systematische Bruchstelle“[140] zu beseitigen. Das soll mit dem im folgenden darzustellenden Modell eines kombinierten außergerichtlichen und gerichtlichen Rechtsschutzsystems de lege ferenda unternommen werden.

[139] vgl. dazu die oben dargestellten Verfahrenszahlen, S. 43
[140] vgl. Byok, a.a.O., S, 2776

Fünfter Teil: Die Neuordnung des Vergaberechtsschutzes im Auftragsbereich unterhalb der EU-Auftragsschwellenwerte

A. Erstreckung des Anwendungsbereiches der §§ 97 ff. GWB auf sonstige öffentliche Aufträge

Soweit, wie dargestellt, das Richtlinienrecht dem nationalen Gesetzgeber durchaus die Möglichkeit beläßt, auch im Auftragsbereich unterhalb der Schwellenwerte subjektive Bieterrechte mit einer entsprechenden Rechtsschutzgewährleistung vorzusehen[141], widerspricht es dem erklärten Willen des nationalen Gesetzgebers, den Anwendungsbereich der §§ 97 ff. GWB „nach unten" zu erstrecken.[142] Das findet auch in der Literatur Zustimmung.[143] Wegen der traditionellen Verankerung des Rechts der öffentlichen Auftragsvergabe im öffentlichen Haushaltsrecht wollte sich der Gesetzgeber ersichtlich nur so weit von dieser Anbindung lösen, als dies kraft Richtlinienrecht unumgänglich erschien. Das gilt auch für die Begründung subjektiver Rechte im Vergabeverfahren, deren bedenkliche Doppelnatur sich ebenfalls nur vor dieser Zurückhaltung versteht. Es wäre deshalb nicht weiterführend, schlicht zu fordern, den neuen Vergaberechtsschutz unterhalb die richtlinienrechtlich vorgegebenen Auftragsschwellenwerte zu erstrecken.[144] Diese Forderung würde sogleich die Nachfrage provozieren, ob und ggf. bei welchem Wert denn die Untergrenze zur Eröffnung des „Vergaberechtsweges" zu ziehen sei.[145]

Selbst wenn eine solche Wertgrenze deutlich unter den gegebenen Schwellenwerten gefunden und so insbesondere die mittelständische Wirtschaft von dem erläuterten Rechtsschutz jedenfalls teilweise profitieren könnte, so wären damit die verfassungsrechtlichen und systematischen Bedenken an §§ 100 Abs. 1, 127 Nr.

[141] vgl. dazu oben S. 34
[142] vgl. die Gesetzesmaterialien nach BT-Drucksache 13/9340, S. 13, 15
[143] vgl. z.B. Erdl, Der neue Vergaberechtsschutz, a.a.O., S. 236/237
[144] so allerdings Dreher, Neugestaltung, a.a.O., S. 344; wohl auch Faber, a.a.O., S. 413; Eggenberger, a.a.O., S. 15
[145] Eggenberger, der die Erstreckung des Rechtsschutzes nach §§ 97 ff. GWB „nach unten" fordert, sieht bereits das Erfordernis einer „Bagatellgrenze", vgl. ders., a.a.O., S. 15; so wohl auch Dreher, Zukunft des Vergaberechts, a.a.O., S. 1272

1 GWB und an der quantitativen Bestimmung subjektiver Rechte keineswegs ausgeräumt. Das verleitet dazu, für den sehr bedeutenden Auftragsbereich unterhalb der EU-Auftragsschwellenwerte und unabhängig von diesen und deren nationalen „Umsetzung" ein eigenständiges förmliches Rechtsschutzverfahren für die Teilnehmer am Wettbewerb zu schaffen. Wohl gemerkt: ein eigenständiges Rechtsschutzverfahren, nicht aber ein eigenständiges Vergaberecht; so kann und soll insbesondere an den schon aus der Zeit der „haushaltsrechtlichen Lösung" stammenden Begrifflichkeiten des öffentlichen Auftraggebers (§ 57 a Abs. 1 HGrG a.F. bzw. § 98 GWB) und des öffentlichen Auftrags (§ 99 GWB) auch für den Vergabebereich unterhalb der EU-Auftragsschwellenwerte festgehalten werden, weil es insoweit keine sachlichen Gründe für Differenzierungen gibt.[146]

Veränderungen am untergesetzlichen Regelwerk des Vergaberechts namentlich nach den materiellen Vorgaben der Verdingungsordnungen kommen erst recht nicht in Betracht. Was verbleibt, sind verfahrensrechtliche Neuorientierungen, diese allerdings frei von der gleichermaßen zeitgemäßen wie diffusen Angst vor nicht mehr zu bewältigendem Massenrechtsschutz und insbesondere frei von der (angesichts der dargestellten Verfahrenszahlen unbegründeten) Schreckensvision, durch die Herauslösung des Rechts der öffentlichen Auftragsvergabe aus dem geschlossenen Zirkel des Haushaltsrechts das öffentliche Auftragswesen quasi lahmzulegen oder es zumindest dieser Gefahr auszusetzen. Denn es ist für einen modernen Rechtsstaat ohne weiteres zu leisten, das eine – effektiven Rechtsschutz auch im mittelständischen Bereich- zu geben, ohne das andere – funktionierendes öffentliches Auftragswesen - zu nehmen.

[146] vgl. dazu im einzelnen Dreher, Anwendungsbereich, a.a.O., S. 2579

B. Systematik und Einbindung des „kleinen Vergaberechtsschutzes“ in vorhandene Strukturen

I. Allgemeine Vorüberlegungen

1. Rechtliche Ausgangspunkte der Neukonzeption eines Vergabenachprüfungsverfahrens

Um die nach wie vor festzustellenden, nicht unerheblichen Hemmungen der nationalen öffentlichen Verwaltung gegenüber jeglichem Vergaberechtsschutz[147] zu respektieren und dadurch einem förmlichen Rechtsschutzverfahren für den Auftragsbereich unterhalb der EU-Auftragsschwellenwerte überhaupt eine realistische Verwirklichungschance einzuräumen, erscheint es sinnvoll, den „kleinen Vergaberechtsschutz“ nicht einer gänzlich neu zu schaffenden Nachprüfungsbehörde zu überantworten[148] (dies wäre in Zeiten, die unter dem Zeichen eines „schlanken Staates“ um nahezu jeden Preis stehen, ein geradezu sinnloses Unterfangen), sondern in vorhandene Strukturen (vielleicht sogar: Ressourcen) zu integrieren, dies zudem unter Verwendung bekannter Verfahrensmuster. Vorzusehen ist daher auch hier eine außergerichtliche Nachprüfung und eine anschließende Eröffnung des Rechtswegs zu den staatlichen Gerichten. Letzteres ist dann, wenn man bestimmten Regelungen des materiellen Vergaberechts drittschützende Wirkung zuerkennt, nach Art. 19 Abs. 4 GG unumgänglich. Unter dem Diktat der Verschlankung des Staates wurde und wird bisweilen übersehen, daß es dort heißt:

> *„Wird jemand durch die öffentliche Gewalt in seinen Rechten verletzt, so steht ihm der Rechtsweg offen.“*

Die Gesetzesmaterialien zum VgRÄG erinnern sich dieses Justizgewährleistungsrechtes, indem geschlußfolgert wird: das europäische Richtlinienrecht[149] sehe konkret vor, daß der einzelne Teilnehmer am Wettbewerb um einen öffentlichen Auf-

[147] vgl. etwa Marx in: Jestaedt/Kemper/Marx/Prieß, a.a.O., S. 142 ff.
[148] vgl. dazu den Beitrag „Nach schwedischem Beispiel ? – Brüssel drängt auf nationale Kontrollinstanzen“, in: VergabeRecht Nr. 1/97, S. 10 f., ohne Verfasserangabe
[149] vgl. dazu die Richtlinien nach FN 10 und EuGH, Urteil vom 11. August 1995 –Rs. C-433/93-, Slg. 1995 I, 2311 ff., Tz. 19, 20

trag einen Anspruch auf Einhaltung der den Bieterschutz bezweckenden Vergabevorschriften habe. Dies ziehe im Hinblick auf Art. 19 Abs. 4 GG „notwendigerweise" einen gerichtlichen Rechtsschutz nach sich.[150]

Diese Überlegungen steuern auch die Rechtsschutzgewährleistungen im hier inmitten stehenden Auftragsbereich. Wegen der subjektiv-rechtlichen Gewährleistungen, um deren Durchsetzung es geht, muß auch hier kraft Verfassungsrecht der Richter eines staatlichen Gerichts nach Art. 92, 97 GG das „letzte Wort" haben.[151] Die der gerichtlichen Streitentscheidung vorgeschaltete (obligatorische) Befassung einer Behörde verletzt nicht die aus Art. 19 Abs. 4 GG folgende Rechtswegegarantie, solange gerichtlicher Rechtsschutz erhalten bleibt und der Zugang zum staatlichen Gericht nicht unzumutbar erschwert wird.[152] Namentlich im Bereich der verwaltungsrechtlichen Streitigkeiten hat das vor Erhebung der Anfechtungs- und Verpflichtungsklage grundsätzlich zu durchlaufende Vorverfahren nach §§ 68 ff. VwGO lange Tradition. Es dient dort nicht nur der Entlastung der Gerichte, sondern auch der Selbstkontrolle der Verwaltung und – schließlich - dem Rechtsschutz des Betroffenen.[153]

Altes wie neues Vergabenachprüfungsrecht verfolgten und verfolgen den Gedanken, gerade für das dem klassischen Haushaltsrecht mehr oder weniger zwangsläufig entrissene Recht der öffentlichen Auftragsvergabe, das nach außen wirksam wird, im Streitfall die nochmalige Befassung der betroffenen öffentlichen Vergabestelle vorzusehen.[154] Diese Tendenz erschließt sich auch aus § 31 VOB/A, § 32 a VOL/A, § 57 b HGrG a.F. und für Streitigkeiten nach Vertragsschluß aus § 18 VOB/B. In allen diesen Regelungen wird die Anrufung einer Vergabeprüf- oder – schlichtungsstelle im Lager des öffentlichen Auftraggebers vorgeschrieben oder mindestens angeboten, um Auseinandersetzungen zwischen Bieter oder Auftrag-

[150] BT-Drucksache 13/9340, S. 12
[151] vgl. Pietzcker, Änderungen des Rechtsschutzes, a.a.O., S. 508 f.
[152] BVerfG, Beschluß vom 08.07.1982 – 2 BvR 1187/80 -, BVerfGE 61, 82, 110; BVerfG, Urteil vom 24.04.1985 – 2 BvF 2, 3, 4/83 u. 2/84 -, BVerfGE 69, 1, 49; vgl. Pietzcker, Änderungen des Rechtsschutzes, a.a.O., S. 509; Herzog in: Maunz/Dürig/Herzog/Scholz, a.a.O., Art. 92 RN 104
[153] vgl. dazu Redeker/von Oertzen, a.a.O., § 68 RN 2, 6
[154] vgl. zur Kritik an diesem Konzept Drey, a.a.O., S. 13

nehmer und öffentlichem Auftraggeber abzuwenden oder beizulegen, noch bevor Rechtsschutz durch staatliche Gerichte in Anspruch genommen wird.

2. Verfahrensstrukturen

a. Erfordernis „verwaltungsferner“ behördlicher Vergabenachprüfung

Für das hier vorzustellende Modell kann im Ausgangspunkt an einer Erstbefassung der Verwaltung im Rahmen eines förmlichen Rechtsschutzverfahrens festgehalten werden. Geschaffen werden soll allerdings ein zweistufiges Nachprüfungsverfahren, bestehend aus einem behördlichen Vorverfahren und einem klassischen Rechtsmittelverfahren vor einem staatlichen Gericht. Dabei ist eine effektive Ausgestaltung des Vorverfahrens wegen der Besonderheit der Materie von herausragender Wichtigkeit. Nicht zuletzt deshalb soll nicht nochmals der Fehler begangen werden, die Vorinstanz in unmittelbarer Nähe zum öffentlichen Auftraggeber anzusiedeln. Die Vergabeprüfstellen nach § 57 b HGrG a.F. waren regelmäßig bei der Behörde angesiedelt, welche als vorgesetzte Dienststelle die Fachaufsicht über die vergebende Stelle inne hatte; für die Vergabeprüfstellen nach §§ 31 VOB/A, 32 a VOL/A gilt nichts anderes.[155] In der Praxis der Rechtsberatung und bei der Durchführung von Vergabenachprüfungsverfahren sowohl nach §§ 31 VOB/A, 32 a VOL/A als auch nach §§ 57a ff. HGrG a.F. hat es sich allerdings oft gezeigt, daß den Vergabeprüfstellen der nötige Abstand zur angegangenen Vergabestelle fehlte.[156] Gerade vor dem dargestellten rechtshistorischen Hintergrund, in den sich derartige Verfahren eingebettet sahen, und wegen des deutlich ausgeprägten Bewußtseins, dem Teilnehmer am Wettbewerb um einen öffentlichen Auftrag bereits durch eben diese Teilnahme eine gewisse Gunst zu erweisen, fiel es den Vergabeprüfstellen allenthalben nicht gerade leicht, in diesem bis dahin von außen kaum zugänglichen Bereich dem Bieter bereits im Vergabeverfahren Anspruchspositionen gegen die vergebende hohe Hand einzuräumen. Ein deutlicher

[155] vgl. dazu Ingenstau/Korbion, a.a.O., § 31 RN 1; Daub/Eberstein, a.a.O., § 32 a RN 5 ff.
[156] vgl. dazu und auch zu den Bedenken einer zu großen Verwaltungsnähe der Vergabekammern Eggenberger, a.a.O., S. 15

personeller und organisatorischer Abstand zwischen der außergerichtlichen Nachprüfungsinstanz und dem öffentlichen Auftraggeber erscheint nach alledem besonders wichtig.

b. Erfordernis hoher fachlicher Qualität der behördlichen Vergabenachprüfung

Neben einer unverzichtbar großen Effektivität bereits des außergerichtlichen Nachprüfungsverfahrens ist zudem eine hohe fachliche Qualität der Entscheidungen zu sichern, die ausgesprochen wichtig ist, um bei den fachlich regelmäßig gut orientierten Rechtssuchenden eine hinreichende Akzeptanz bereits der vorgerichtlichen Vergabenachprüfung zu sichern und damit zugleich eine spürbare Entlastung der nachzuschaltenden staatlichen Gerichte zu erreichen. Optimal vereint finden sich die Kriterien der Unabhängigkeit und Neutralität der Nachprüfungsstellen einerseits und der fachlichen Kompetenz namentlich in der Beurteilung öffentlicher Vergabevorgänge andererseits bei den Rechnungshöfen des Bundes und der Länder.[157] Diesen soll deshalb in dem hier konzipierten Rechtsschutzmodell für das Vorverfahren der Vergabenachprüfung eine besondere und neuartige Funktion zukommen. Damit wird zugleich verhindert, eine gänzlich neue Nachprüfungsbehörde zu schaffen; zudem wird trotz Ausschöpfung vorhandener organisatorischer Möglichkeiten der engere Bereich der Verwaltung verlassen, so daß diese sich nicht länger in weiten Teilen selbst kontrolliert.

Die einem solchen Nachprüfungsverfahren nachzuschaltende gerichtliche Kontrolle soll ebenfalls nicht im Bruch zu bereits bestehenden Strukturen, sondern zur Sicherung der Rechtseinheit und zur Vermeidung divergierender Entscheidungen im Einklang mit diesen konzipiert werden. Gegen die Nachprüfungsentscheidung aus dem Vorverfahren soll das Landgericht angerufen werden können, dies verbunden

[157] vgl. zu den ebenfalls in diese Richtung gehenden, allerdings nicht näher ausgeführten Überlegungsansätzen Pietzcker, Änderungen des Rechtsschutzes, a.a.O., S. 512; Beitrag „Nach schwedischem Beispiel ? – Brüssel drängt auf nationale Kontrollinstanzen“, in: VergabeRecht Nr. 1/97, S. 10, ohne Verfasserangabe

mit der zwingenden Zuständigkeitsbegründung einer Kammer für Handelssachen (§§ 93 ff. GVG) bei einem zentralen Landgericht im jeweiligen Bundesland (§§ 87, 89 GWB). Unter bestimmten Voraussetzungen soll außerdem das jeweils übergeordnete Oberlandesgericht um Entscheidung ersucht werden können.

II. Die Vergabenachprüfung vor den Rechnungshöfen des Bundes und der Länder

1. Klassischer Aufgabenbereich und Stellung der Rechnungshöfe

a. Aufgaben der Rechnungshöfe

Art. 114 Abs. 2 GG und die entsprechenden Vorschriften der Länderverfassungen (vgl. z.B. Art. 86 Abs. 2 der Verfassung des Landes Nordrhein-Westfalen, Art. 120 Abs. 2 der Verfassung des Landes Rheinland-Pfalz)[158] sehen vor, daß der Rechnungshof die Rechnung sowie die Wirtschaftlichkeit und Ordnungsmäßigkeit der Haushalts- und Wirtschaftsführung prüft. Das nach Art. 114 Abs. 2 Satz 3 GG ergangene Gesetz über den Bundesrechnungshof[159] und die diesem wegen der verklammernden Wirkung der §§ 42 ff. HGrG inhaltlich sehr nahekommenden Landesgesetze über die Rechnungshöfe[160] befassen sich mit der Organisation und der Arbeitsweise der Rechnungshöfe, ohne deren Aufgaben und Befugnisse aufzuführen. Derlei findet sich sodann in besonderen Teilen der Bundeshaushaltsordnung[161] bzw. in den nahezu inhaltsgleichen Landeshaushaltsordnungen.[162] Diese Regelungen treffen zusammenhängende Bestimmungen über die Prüfungszuständigkeit sowie den Inhalt, das Verfahren, das Ergebnis der Prüfungen sowie

[158] wegen der inhaltlich identischen oder sehr ähnlichen Regelungen in Art. 114 Abs. 2 GG und den entsprechenden Vorschriften in den Verfassungen der Länder soll für die folgenden verfassungsrechtlichen Überlegungen von Art. 114 Abs. 2 GG ausgegangen werden
[159] BRHG i.d.F. vom 11. Juli 1985, BGBl. I S. 1445
[160] vgl. etwa Gesetz über den Landesrechnungshof Nordrhein-Westfalen –LRHG NW- i.d.F. vom 19. Juni 1994, GVBl. NW S. 428; Landesgesetz über den Rechnungshof Rheinland-Pfalz –RHG- vom 20. Dezember 1971, GVBl. 1972, S. 23; auch hier soll im weiteren vom BRHG ausgegangen werden
[161] BHO vom 19. August 1969, BGBl. I S. 1284, §§ 88 ff.
[162] LHO; vgl. z.B. §§ 88 ff. LHO NW vom 14. Dezember 1971, GVBl. NW S. 397; §§ 88 ff. LHO RP vom 20. Dezember 1971, GVBl. 1972 S. 2

über sonstige Tätigkeiten der Rechnungshöfe (vgl. z.B. § 103 BHO – Anhörung beim Erlaß von Verwaltungsvorschriften zur Durchführung der BHO; § 88 Abs. 2 BHO – Beratung von Bundestag, Bundesrat, Bundesregierung oder Bundesministern; § 88 Abs. 3 LHO RP – Gutachten für Landtage oder Landesregierungen).

Danach obliegt es den Rechnungshöfen,

- die Einnahmen, Ausgaben und Verpflichtungen zur Leistung von Ausgaben,
- Maßnahmen, die sich finanziell auswirken können,
- das Vermögen und die Schulden

zu prüfen; §§ 42 Abs. 2 HGrG, 89 Abs. 1 BHO.[163] Die Prüfungskompetenz wird nach §§ 43, 44 HGrG i.V.m. §§ 91, 92 BHO auf Stellen außerhalb der öffentlichen Verwaltung erstreckt, wenn diese Teile des Haushaltsplanes ausführen oder öffentlichen Aufwendungsersatz erhalten, Mittel oder Vermögensgegenstände des Bundes verwalten, öffentliche Zuwendungen erhalten oder Unternehmen in privater Rechtsform sind, an denen der Bund oder ein Land unmittelbar oder mittelbar beteiligt sind.[164]Die Ergebnisse der Prüfungen fassen die Rechnungshöfe regelmäßig jährlich zusammen (vgl. § 46 Abs. 1 HGrG) und unterrichten Parlament und Regierung in Form von Bemerkungen (§ 97 BHO), Jahresberichten (§§ 97 LHO NW, 97 LHO RP) oder ähnlich bezeichneten Mitteilungen. Die Berichte der Rechnungshöfe und die dort niedergelegten Prüfergebnisse und Empfehlungen sind für die der jeweiligen Kontrolle unterliegenden Stellen nicht verbindlich.[165]

[163] vgl. zu den Einzelheiten Maunz in: Maunz/Dürig/Herzog/Scholz, a.a.O., Art. 114 RN 28 ff.
[164] vgl. dazu im einzelnen Grupp, a.a.O., S. 112 ff.
[165] vgl. BayVerfGH, Entscheidung vom 22. Mai 1968 – Vf. 89-VI-67-, DÖV 1968, 656; Fischer-Menshausen in: von Münch, a.a.O., Art. 114 RN 11; Grupp, a.a.O., S. 121

b. Rechtliche Stellung der Rechnungshöfe

aa. Institutionelle Garantie und Zuordnung zur Exekutive

Durch Art. 114 Abs. 1 Satz 1 GG und die entsprechenden Regelungen der Länderverfassungen werden die Rechnungshöfe des Bundes und der Länder zunächst als Institutionen verfassungsrechtlich garantiert (institutionelle Garantie).[166] Den daraus sich ergebenden verfassungsunmittelbaren Verpflichtungen zur Einrichtung der Rechnungshöfe sind der Bund und die Länder nachgekommen. Staatsorganisationsrechtlich sind die Rechnungshöfe kraft Verfassungsrecht (vgl. z.B. Art. 87 Abs. 1 Satz 1 Landesverfassung NW) oder kraft Errichtungsgesetz (§ 1 BRHG, § 1 RHG RP) unabhängige und weisungsfreie Organe der Finanzkontrolle in Gestalt oberster Bundes- oder Landesbehörden im ministerialfreien Raum,[167] jedoch anerkanntermaßen keine Verfassungsorgane etwa i.S.v. Art. 93 Abs. 1 Nr. 1 BVerfGG. Dafür wäre erforderlich, daß die Rechnungshöfe unmittelbar an der obersten staatlichen Willensbildung mitwirken würden und selbst verbindliche Entscheidungen treffen könnten[168], woran es wegen des bloßen Empfehlungscharakters der Berichte der Rechnungshöfe gerade fehlt. Im Rahmen der Dreiteilung der Staatsgewalt, wie sie grundlegend in Art. 1 Abs. 3 GG und Art. 20 Abs. 2 GG zum Ausdruck kommt, sind die Rechnungshöfe als oberste Bundes- bzw. Landesbehörden nach mittlerweile herrschender Auffassung der Exekutive zuzuordnen, wenn auch mit besonderer, unabhängiger Stellung im ansonsten hierarchischen Verwaltungsaufbau.[169]

Namentlich aus der gesetzlichen Berichtspflicht gegenüber den Parlamenten (vgl. etwa § 97 Abs. 1 BHO) und der daraus sich ergebenden Nähe zu den Gesetzgebungsorganen wurde bisweilen eine Zuordnung der Rechnungshöfe zur Legislative hergeleitet.[170] Die Rechnungshöfe führten in praxi eine Kontrolltätigkeit des

[166] siehe dazu Maunz in: Maunz/Dürig/Herzog/Scholz, a.a.O., Art. 114 RN 17
[167] vgl. Maunz in: Maunz/Dürig/Herzog/Scholz, a.a.O., Art. 114 RN 24; Grupp, a.a.O., S. 93
[168] vgl. Maunz in: Maunz/Dürig/Herzog/Scholz, a.a.O., Art. 114 RN 25; Grupp, a.a.O., S. 93 f.
[169] vgl. Maunz in: Maunz/Dürig/Herzog/Scholz, a.a.O., Art. 114 RN 24; Tiemann, a.a.O., S. 958
[170] vgl. etwa Menzel, a.a.O., S. 596, 598 m.w.N.

Parlamentes aus, welches dieses rein tatsächlich nicht zu leisten im Stande sei. Sie hätten deshalb ihre Hilfestellung nicht nur der Regierung, sondern auch dem Parlament zu leihen.[171] Ob daraus zu folgen hat, daß die Rechnungsprüfungsbehörden keine Verwaltungsbehörden sein können, erscheint allerdings keinesfalls zwingend. Alleine die Nähe der Aufgaben der Rechnungshöfe zu den politischen Kontrollfunktionen der Parlamente im gewaltenteiligen Staatsaufbau hindert nicht daran, die Rechnungshöfe als Teile der Verwaltung zu organisieren, wie dies durch die Errichtungsgesetze des Bundes und der Länder auch geschehen ist.[172] Auf die insoweit ebenfalls vorhandenen „Gewaltenüberblendungen" in Art. 80 GG (Rechtsverordnungsrecht der Exekutive) und Art. 59 Abs. 2 GG (Mitwirkungsrecht des Parlamentes beim Abschluß bestimmter völkerrechtlicher Verträge) wird deshalb in diesem Zusammenhang von anderer Seite zutreffend hingewiesen.[173]

Die Rechnungshöfe üben schließlich auch keine rechtsprechende Gewalt i.S.v. Art. 92 GG aus, denn trotz richterlicher Unabhängigkeit der Mitglieder und trotz Entscheidungsfindung auf der Grundlage eines Kollegialprinzips (vgl. etwa §§ 8 ff. BRHG, §§ 7 ff. LRHG NW, § 10 RHG RP) fehlt deren Feststellungen in Gestalt der Bemerkungen oder Jahresberichte jedenfalls die für die rechtsprechende Gewalt wesensbestimmende Letztverbindlichkeit.[174]

bb. Garantie der richterlichen Unabhängigkeit der Mitglieder der Rechnungshöfe

Verfassungsrechtlich garantiert ist außerdem die richterliche Unabhängigkeit der Mitglieder der Rechnungshöfe (Art. 114 Abs. 2 Satz 1 GG, Art. 87 Abs. 1 Satz 2 Landesverfassung NW, Art. 120 Abs. 2 Satz 2 Landesverfassung RP). Die jeweili-

[171] so der Schriftliche Bericht des Rechtsausschusses des Deutschen Bundestages zu Drucksache V/3605, S. 13 – Bericht des Abgeordneten Dr. Arndt/Hamburg
[172] dies bezweifelt gleichwohl Stern, a.a.O., S. 449
[173] vgl. Maunz in: Maunz/Dürig/Herzog/Scholz, a.a.O., Art. 114 RN 24
[174] vgl. dazu Meyer in: von Münch, a.a.O., Art. 92 RN 8; Schäfer, a.a.O., S. 542; zu den Einzelheiten der Abgrenzung der Tätigkeit der Rechnungshöfe von derjenigen der rechtsprechenden Gewalt vgl. insbesondere Grupp, a.a.O., S. 148 ff.

gen Gesetze über die Rechnungshöfe stellen dies nochmals deklaratorisch fest (vgl. § 3 Abs. 4 Satz 1 BRHG, § 5 Abs. 1 Satz 2 LRHG NW, § 6 Abs. 1 Satz 1 RHG RP).[175] Welcher Kreis der Bediensteten des Rechnungshofes als sogenannte Mitglieder richterliche Unabhängigkeit genießen, regeln die jeweiligen Errichtungsgesetze. Für den Bundesrechnungshof sind dies der Präsident, der Vizepräsident, die Leiter der Prüfungsabteilungen und die Prüfungsgebietsleiter (§ 3 Abs. 1 BRHG). In den Ländern gilt bisweilen geringfügig anderes (vgl. z.B. § 2 Abs. 1 LRHG NW, § 3 Abs. 1 Satz 1 RHG RP).

2. Rechtliche Möglichkeiten und Grenzen der Befassung der Rechnungshöfe mit Aufgaben der Vergabenachprüfung

a. Verfassungsrechtliche Vorgaben

Die hier projektierte Befassung der Rechnungshöfe mit Aufgaben der Vergabenachprüfung hat verfassungsrechtliche Vorgaben zu beachten. So legt Art. 114 Abs. 2 Satz 1 und 2 GG die Essentialia der Aufgaben des Bundesrechnungshofes fest und formuliert in Art. 114 Abs. 2 Satz 3 GG einen Gesetzesvorbehalt wie folgt:

> *„Im übrigen werden die Befugnisse des Bundesrechnungshofes durch Bundesgesetz geregelt."*

Die Länderverfassungen (vgl. z.B. Art. 87 Abs. 3 Landesverfassung NW, Art. 120 Abs. 2 Satz 5 Landesverfassung RP) gehen entsprechend vor. Die eigentlichen Prüfungsaufgaben und sonstigen Zuständigkeiten der Rechnungshöfe finden sich sodann, wie bereits dargestellt[176], in den Haushaltsordnungen des Bundes und der Länder. Die verfassungsrechtlichen Bestimmungen über die Einrichtung und Aufgaben der Rechnungshöfe sehen also ausdrücklich vor, daß der dort beschriebene Aufgabenbereich untergesetzlich konkretisiert, aber auch erweitert werden

[175] vgl. zu den Einzelheiten Maunz in: Maunz/Dürig/Herzog/Scholz, a.a.O., Art. 114 RN 18
[176] vgl. oben S. 57 f.

kann.[177] Diesem erweiterten Aufgabenbereich unterfällt beispielsweise die Beratungstätigkeit des Bundesrechnungshofes nach § 88 Abs. 2 BHO oder die gutachterliche Tätigkeit des Landesrechnungshofes Rheinland-Pfalz nach § 88 Abs. 3 LHO RP.[178] Die Rechnungshöfe haben damit engere staatsrechtliche Aufgaben der Rechnungsprüfung nach näherer Maßgabe der Errichtungsgesetze und der Haushaltsordnungen und darüber hinaus weitergehende, einfach-gesetzlich vorgesehene Zusatzfunktionen namentlich der Beratung bestimmter Stellen (vgl. §§ 42 Abs. 5 HGrG, 88 Abs. 2 BHO) oder der Begutachtung einzelner Fragen zur Vorbereitung weitreichender wirtschaftlicher Entscheidungen (vgl. dazu etwa § 88 Abs. 3 LHO RP). Diese Aufgaben sind – ebenso wie diejenigen des Präsidenten des Bundesrechnungshofes als Bundesbeauftragter für die Wirtschaftlichkeit in der Verwaltung[179] - streng von den originären Prüfungsaufgaben der Rechnungshöfe zu unterscheiden. Sie sind verfassungsrechtlich unbedenklich, wenn und soweit sie die Unvoreingenommenheit und Unabhängigkeit der Mitglieder der Rechnungshöfe unbeeinträchtigt lassen.[180]

Für die angesprochene Beratungstätigkeit der Rechnungshöfe ist etwa zu sehen, daß die nachgängige Kontrolle eines bestimmten Ausgabenvorgangs von der nämlichen Stelle erfolgen kann, die zuvor eine bestimmte Verfahrensweise vorgeschlagen oder gutgeheißen hat. Dabei kann die für die Rechnungsprüfung erforderliche Objektivität und Unvoreingenommenheit verloren gehen.[181]

Soweit sich auch diese prüfungsfremde Tätigkeit der Rechnungshöfe mittlerweile verfestigt haben mag, so sind deren anderweitige Befassungen außerhalb des klassischen Prüfungsbereiches doch enge Grenzen insoweit gesetzt, als die Übertragung von sonstigen Aufgaben und Befugnissen stets der spezifischen Stellung dieser Organe im dargestellten verfassungsrechtlichen Rahmen entsprechen

[177] so Fischer-Menshausen in: von Münch, a.a.O., Art. 114 RN 12: Maunz in: Maunz/Dürig/Herzog/Scholz, a.a.O., Art. 114 RN 65
[178] vgl. Maunz in: Maunz/Dürig/Herzog/Scholz, a.a.O., Art. 114 RN 65
[179] vgl. dazu die Richtlinie über die Tätigkeit des Bundesbeauftragten für Wirtschaftlichkeit in der Verwaltung vom 10. März 1965, BAnz. Nr. 72 vom 14. April 1965
[180] so Maunz in: Maunz/Dürig/Herzog/Scholz, a.a.O., Art. 114 RN 30
[181] vgl. zu diesem Problem insbesondere Grupp, a.a.O., S. 121 ff.; Maunz in: Maunz/Dürig/Herzog/Scholz, a.a.O., Art. 114 RN 30

muß.[182] Die staatsrechtliche, mehr noch die haushaltsrechtliche Tradition[183] hat es bisher wohl verhindert, die Rechnungshöfe mit weitergehenden Aufgaben als denjenigen der überkommenen Rechnungsprüfung zu betrauen.[184] Verfassungsrechtlich ausgeschlossen ist das allerdings nicht.

b. Gesetzesvorbehalt für weitere Aufgaben nach Art. 114 Abs. 2 Satz 3 GG

Im Zuge der Haushaltsrechtsreform aus dem Jahre 1969[185] wurde u.a. auch Art. 114 GG betreffend die Rechnungslegung und den Bundesrechnungshof novelliert. Im Schriftlichen Bericht des Rechtsauschusses des Deutschen Bundestages[186] heißt es zu Art. 114 Abs. 2 Satz 3 GG, der dort geregelte Gesetzesvorbehalt lasse es zu, dem Bundesrechnungshof weitere Befugnisse durch Bundesgesetz einzuräumen. Unter Befugnisse in diesem Sinne seien sowohl neue – im Grundgesetz nicht vorgesehene – Aufgaben als auch Regelungen zu verstehen, die nähere Einzelheiten der Zuständigkeiten des Rechnungshofes aus den Sätzen 1 und 2 (des Art. 114 Abs. 2 GG) beträfen. Damit solle es ermöglicht werden, ohne verfassungsrechtliche Zweifel durch einfaches Bundesgesetz dem Rechnungshof Zuständigkeiten und Aufgaben zu übertragen, die er entweder bisher aus Tradition, kraft Übertragung durch einfache Gesetze oder aufgrund von Vereinbarungen selbst oder durch seinen Präsidenten ausgeübt habe. Dies legt die Vorstellung des Gesetzgebers offen, wonach der Gesetzesvorbehalt nach Art. 114 Abs. 2 Satz 3 GG nicht nur die Möglichkeit eröffnen soll, die in Art. 114 Abs. 2 Satz 1 und 2 GG verfassungskräftig gesicherten Prüfungsaufgaben des Rechnungshofes zu konkretisieren, sondern es auch und darüber hinaus zu ermöglichen, diesem anderweitige Aufgaben zuzuweisen. Von dieser Öffnungsklausel wurde bisher wegen des traditionellen Verständnisses von den Aufgaben einer Rechnungsprü-

[182] so Maunz in: Maunz/Dürig/Herzog/Scholz, a.a.O., Art. 114 RN 65
[183] vgl. dazu den Überblick bei Stern, a.a.O., S. 410 ff.
[184] vgl. Menzel, a.a.O., S. 593, 594; Tiemann, a.a.O., S. 956; Patzig, a.a.O., A/114/38
[185] 20. Gesetz zur Änderung des Grundgesetzes vom 12. Mai 1969, BGBl. I S. 357 ff.
[186] vgl. zu BT-Drucksache V/3605, S. 13

fungsbehörde kein Gebrauch gemacht; für die entsprechenden Regelungen in den Länderverfassungen gilt nichts anderes (vgl. Art. 87 Abs. 3 Landesverfassung NW, Art. 120 Abs. 2 Satz 5 Landesverfassung RP). Zutreffend wird darauf hingewiesen, daß die Rechnungshöfe mit großer Sachkompetenz im Hinblick auf die ordnungsgemäße Bewirtschaftung öffentlicher Mittel ausgestattet sind, mit der allerdings keine Eingriffskompetenzen korrelieren.[187] Dies führte bereits in der Vergangenheit zu Abhilfevorschlägen etwa dahingehend, den Rechnungshöfen nach außen wirkende exekutive Befugnisse durch die gesetzliche Ermächtigung zur Einleitung von Disziplinar- oder Erstattungsverfahren zu verleihen.[188] Rechnungshöfe anderer europäischer Staaten verfügen dann auch durchaus über solche, über die reinen Prüfungs- und Berichtspflichten hinausgehenden, unmittelbaren Eingriffsbefugnisse.[189]

c. Grenzen erweiterter Aufgabenzuweisungen an die Rechnungshöfe und Einordnung der Aufgaben der Vergabenachprüfung

Bedenken gegen erweiterte Aufgabenzuweisungen an die Rechnungshöfe bestehen nur dann, wenn derlei Aufgaben mit der Funktion der Rechnungshöfe als unabhängige Organe der Finanzkontrolle nicht mehr im Zusammenhang stehen und wenn durch die zusätzlichen Aufgaben die Erledigung der Hauptaufgaben und die dafür erforderliche Unabhängigkeit und Neutralität beeinträchtigt wird.[190] Mit Blick auf die den Rechnungshöfen anzutragende Aufgabe der Vergabenachprüfung in öffentlichen Auftragsbereichen unterhalb der EU-Auftragsschwellenwerte gilt sonach folgendes:

[187] vgl. Menzel, a.a.O., S. 593 f.; Stern, a.a.O., S. 441/442
[188] so etwa Stern, a.a.O., S. 442 m.w.N.
[189] das gilt insbesondere für den italienischen „Corte dei Conti", vgl. dazu und zu den Aufgaben anderer ausländischer Rechnungshöfe Menzel, a.a.O., S. 599, 601 m.w.N.
[190] Stern, a.a.O., S. 424/425; Fischer-Menshausen in: von Münch, a.a.O., Art. 114 RN 11; Maunz in: Maunz/Dürig/Herzog/Scholz, a.a.O., Art. 114 RN 65; vgl. auch Patzig, a.a.O., C/88/15 betreffend die Beratungsfunktionen

aa. Keine Beeinträchtigung der klassischen Aufgaben der Rechnungsprüfung

Die Erfüllung der klassischen Hauptaufgaben der Rechnungshöfe und die dafür erforderliche, verfassungsrechtlich verlangte Neutralität und Unabhängigkeit bleibt von der gleichzeitigen Wahrnehmung von Aufgaben der Vergabenachprüfung unberührt. Konfliktfelder, wie sie bei der allgemein für zulässig gehaltenen, vorgängigen Beratung der öffentlichen Hand einerseits und der nachvollziehenden Kontrolle andererseits entstehen können, die aber letztlich aus Gründen der sinnvollen öffentlichen Mittelverwendung und der Ausnutzung des besonderen Sachverstandes der Rechnungshöfe hingenommen werden[191], entstehen im hier interessierenden Bereich der Vergabenachprüfung nicht. So wären bereits organisatorisch die Nachprüfungsinstanzen von den klassischen Prüfungsinstanzen zu trennen. Dies würde im Verbund mit der bereits vorhandenen personellen und sachlichen Unabhängigkeit der Entscheidungsträger[192] sicherstellen, daß irgendwelche Einflußnahmen des einen Aufgabengebietes auf das andere nicht stattfinden. Aber auch wechselseitige, nur faktische Voreingenommenheiten, wie sie namentlich aus dem Beratungsbereich der Rechnungshöfe für die spätere Rechnungsprüfung befürchtet werden[193], sind hier nicht zu besorgen. Entscheidet etwa die Nachprüfungsstelle des Rechnungshofes in einem Verfahren betreffend die korrekte Vergabe eines öffentlichen Auftrages am Maßstab des geltenden Vergaberechts, so kann sich daraus objektiv-rechtlich kein Widerspruch zu einer späteren Prüfung des nämlichen Vorgangs durch die klassische Prüfungsinstanz des Rechnungshofes ergeben, sondern allenfalls eine unterschiedliche Bewertung einzelner vergaberechtlicher Rechtsfragen. Da diese jedoch im Vergabenachprüfungsverfahren in richterlicher Unabhängigkeit beantwortet wurden, ist die später mit dem unterstellt gleichen Vorgang befaßte Rechnungsprüfung allenfalls geneigt, die im Vergabenachprüfungsverfahren gewonnenen rechtlichen Erkenntnisse faktisch zu beachten.

[191] so Maunz in: Maunz/Dürig/Herzog/Scholz, a.a.O., Art. 114 RN 30
[192] vgl. dazu Stern, a.a.O., S. 423
[193] vgl. Maunz in: Maunz/Dürig/Herzog/Scholz, a.a.O., Art. 114 RN 30

Eine solche unterstellte Faktizität bereits ergangener Nachprüfungsentscheidungen des Rechnungshofes für spätere Prüfvorgänge beeinträchtigt jedoch nicht dessen Verfassungsauftrag oder dessen Unabhängigkeit, sondern führt allenfalls zu einer gewissen Berücksichtigung von Auffassungen einer anderen, ebenfalls unabhängigen und neutralen, nur dem Gesetz unterworfenen Stelle des nämlichen Kontrollorgans. Ebensowenig, wie Regelungen der Verfahrensordnungen über die Bindungswirkung obergerichtlicher Entscheidungen im Rahmen von Zurückverweisungen an die Instanzgerichte etwa nach §§ 565 Abs. 2 ZPO, 130 Abs. 2 VwGO die Unabhängigkeit des Richters, an den verwiesen wird, verletzen[194], sind faktische Bindungen der Prüfungsinstanzen der Rechnungshöfe in der Beantwortung einzelner vergaberechtlicher Fragestellungen durch die Nachprüfungsinstanzen derselben Behörde geeignet, die Unabhängigkeit und Unvoreingenommenheit der Rechnungsprüfung insgesamt zu beeinträchtigen.

bb. Sachlicher Zusammenhang zwischen den Aufgaben der klassischen Rechnungsprüfung und der Vergabenachprüfung

Die Übertragung von Aufgaben der Vergabenachprüfung steht im weiteren auch im Sachzusammenhang mit der verfassungsrechtlichen Funktion der Rechnungshöfe als Organe der Finanzkontrolle. Wie bereits eingangs dargestellt[195], wurzelt das deutsche Vergaberecht im öffentlichen Haushaltsrecht. Die Vergabe öffentlicher Aufträge im Wettbewerb diente und dient der wirtschaftlichen und sparsamen Mittelverwendung nach § 6 HGrG, die in § 55 BHO, der Verpflichtung der öffentlichen Hand zur Ausschreibung öffentlicher Aufträge, ihren Niederschlag im Haushaltsvollzug findet.[196] Dies wird von der Überlegung getragen, daß eine effektive Verwendung öffentlicher Mittel am ehesten im Wettbewerb zu erzielen ist („best value for public money“).[197] Nur der freie Wettbewerb ermöglicht es der öffentli-

[194] so BVerfG, Beschluß vom 17.01.1961 – 2 BvL 25/60 -, BVerfGE 12, 67, 71 und Beschluß vom 08.06.1971 - 2 BvL 17/70 -; BVerfGE 31, 137, 140
[195] vgl. die Einführung S. 1 f.
[196] vgl. Patzig, a.a.O., C/55/3-5
[197] so Dreher, Anwendungsbereich, a.a.O., S. 2588

chen Hand, sich einen Überblick über die Marktlage, die Preisvorstellungen und die in Betracht kommenden Vertragspartner zu verschaffen und auf dieser Grundlage anhand der vergaberechtlichen Bestimmungen über den öffentlichen Mitteleinsatz mutmaßlich optimal zu entscheiden.

Nach §§ 89 Abs. 1 Nr. 1, 90 Nr. 1 und 3 BHO (entsprechend §§ 89 Abs. 1 Nr. 1, 90 Nr. 1 und 3 LHO NW und §§ 89 Abs. 1 Nr. 1, 90 Nr. 1 und 3 LHO RP) überprüfen die Rechnungshöfe exakt jene Grundlagen der Mittelbewirtschaftung.[198] Ob und mit welchen wirtschaftlichen Konsequenzen der öffentlichen Hand Fehler bei der Auftragsvergabe unterlaufen (sind), gehört danach zur sedes materiae der Wirtschaftlichkeitsprüfung. So ist nach § 97 Abs. 2 Nr. 2 BHO in den Bemerkungen des Bundesrechnungshofes insbesondere mitzuteilen, in welchen Fällen von Bedeutung die für die Haushalts- und Wirtschaftsführung geltenden Vorschriften und Grundsätze, wozu § 55 BHO gehört, nicht beachtet worden sind. In diesen Fällen befaßt sich der Rechnungshof im einzelnen mit dem fraglichen öffentlichen Beschaffungsvorgang und zeigt detailliert die festgestellten Verstöße gegen geltendes Vergaberecht auf.[199] Mithin stellt die Überantwortung der Vergabenachprüfung auf Antrag eines Teilnehmers am Wettbewerb an die Rechnungshöfe keine solche Materie dar, die den typischen (will sagen: klassischen) Funktionen der Rechnungshöfe nicht wesensgemäß zuzuordnen wäre. Das Gegenteil trifft zu: die ausgesprochen große und allenthalben hochgeschätzte Fachkompetenz der Rechnungshöfe namentlich im Bereich der öffentlichen Auftragsvergabe fordert gerade dazu heraus, sich diese Kenntnisse über den engen Bereich der überkommenen Rechnungsprüfung hinaus zunutze zu machen.

Soweit die Rechnungshöfe in den Fällen der Vergabenachprüfung zur Gewährung außergerichtlichen Rechtsschutzes berufen werden sollen, entspricht dies zwar nicht deren hergebrachten Aufgaben und Funktionen, verletzt aber auch nicht, wie dargelegt, die verfassungsrechtlichen Vorgaben, welche für die Tätigkeit der

[198] vgl. dazu Patzig, a.a.O., C/90/11 und C/55/5
[199] vgl. z.B. Bemerkungen des BRH 1996 zur Haushalts- und Wirtschaftsführung (einschließlich der Feststellung der Jahresrechnung 1994), BT-Drucksache 13/5700, S. 32, Ziffer 8.1.2.1 und S. 66 ff., Ziffer 24

Rechnungshöfe gelten. Es genügt also die Ausschöpfung des Gesetzesvorbehaltes nach Art. 114 Abs. 2 Satz 3 GG bzw. der entsprechenden Regelungen in den Landesverfassungen, um die einfach-gesetzlichen Grundlagen für eine solche Aufgabenzuweisung an die Rechnungshöfe zu schaffen.

Ferner ist, was unumwunden einzuräumen ist, ein gewisses traditionsbrechendes Umdenken im Hinblick auf die Funktionen dieser Behörden und die Bereitschaft zur Fruchtbarmachung deren besonderer Sachkunde für weitergehende Aufgaben als diejenigen der klassischen Rechnungsprüfung erforderlich.

Dazu soll mit dieser Arbeit ausdrücklich ermuntert werden, dies durchaus auch mit Blick darauf, künftig die Organisation der gesamten außergerichtlichen Nachprüfung sämtlicher Vergaben oberhalb und unterhalb der EU-Auftragsschwellenwerte bei den Rechnungshöfen zu konzentrieren.[200]

Mithin begegnet im zusammengefaßten Ergebnis die Befassung der Rechnungshöfe mit Aufgaben der außergerichtlichen Vergabenachprüfung im hier interessierenden Bereich der öffentlichen Aufträge unterhalb der EU-Auftragsschwellenwerte weder fachlichen noch (verfassungs-)rechtlichen Bedenken.

[200] vgl. dazu den Beitrag „Nach schwedischem Beispiel ? – Brüssel drängt auf nationale Kontrollinstanzen“, in: VergabeRecht Nr. 1/97, S. 10, ohne Verfasserangabe

Sechster Teil: Das außergerichtliche förmliche Nachprüfungsverfahren für öffentliche Aufträge vor den Rechnungshöfen

A. Gesetzlicher Standort und Funktion/Anwendungsbereich eines außergerichtlichen förmlichen Vergabenachprüfungsverfahrens

I. Gesetzlicher Standort des Nachprüfungsverfahrens vor den Rechnungshöfen

Mit dem hier vorgeschlagenen Verfahren der Vergabenachprüfung unterhalb der EU-Auftragsschwellenwerte soll der bereits nach § 97 ff. GWB eingeschlagene Weg einer wettbewerblichen Grundausrichtung des Rechts der öffentlichen Auftragsvergabe[201] beibehalten und weitergegangen werden. Daran sollen insbesondere deshalb keine Zweifel entstehen, weil nunmehr die Rechnungshöfe des Bundes und der Länder als die klassischen Hüter der öffentlich-rechtlichen Haushaltsordnung und des öffentlichen Haushaltswesens in das wettbewerblich ausgeprägte Vergabenachprüfungsverfahren einbezogen werden sollen. Dieser Befürchtung wird schon dadurch begegnet werden können, daß die Rechnungshöfe ein Nachprüfungsverfahren exekutieren sollen, welches sich an die Regelungen des kartellbehördlichen Verwaltungsverfahrens nach §§ 54 ff. GWB ebenso anlehnt wie an die Vorschriften der §§ 107 ff. GWB. Daß es dabei zu Anleihen auch aus dem Verwaltungsverfahrensgesetz und der Verwaltungsgerichtsordnung kommt, ist nicht neu und auch schon den eben erwähnten Verfahrensregelungen eigen.[202]

Während die inhaltliche Verfahrensgestaltung für den Rechtsschutz des Bieters in Vergabeverfahren unterhalb der EU-Auftragsschwellenwerte keineswegs den von §§ 97 ff. GWB geschaffenen Vorgaben folgen muß, dürfte entsprechendes nicht für die Überlegungen im Hinblick auf den gesetzlichen Standort eines solchen Nachprüfungsverfahrens gelten. Der Gesetzgeber der §§ 97 ff. GWB hat sich für

[201] vgl. dazu Bechtold, a.a.O., vor § 97 RN 16
[202] siehe dazu etwa OLG Brandenburg, Beschluß vom 03.08.1999 – 6 Verg 1/99 -, NVwZ 1999, 1142

eine Konzeption des dortigen Verfahrens im Rahmen des GWB entschieden, um dadurch dem gewandelten Verständnis der Vergaberegeln zu entsprechen und die wettbewerbliche Bedeutung des heutigen Vergaberechts nachdrücklich zu betonen[203]. Diese Überlegungen verdienen deshalb Zustimmung, weil das Kartellrecht zumindest auch den Zweck verfolgt, den Wettbewerb zu ordnen, Wettbewerbsbeschränkungen zu bekämpfen und so die Freiheit des Wettbewerbs auch in den Dienst eines öffentlichen Interesses zu stellen[204]. Ob es perspektivisch sinnvoll erscheint, die Regelungen über den Rechtsschutz im Vergabeverfahren einerseits wie auch die materiellen Vorgaben im Recht der Auftragsvergabe andererseits in einem Vergabegesetz zusammenzufassen und derart einen eigenständigen Standort für das gesamte materielle Vergaberecht und das zugehörige Verfahrensrecht zu schaffen, sollte der zunächst erforderlichen Entwicklung dieser jungen Materie in der Praxis der Rechtsanwendung überlassen bleiben.

Die in diese Richtung gehenden Überlegungen[205] sind indessen deshalb nicht unsympathisch, weil mit einem eigenständigen Vergabegesetz künftigen Anforderungen des materiellen oder auch des Verfahrensrechts ohne Rücksichtnahmen auf mögliche Systembrüche mit dem GWB im übrigen, der VwGO, dem VwVfG oder der ZPO sehr beweglich begegnet werden könnte.[206] Bis dahin allerdings gibt es keine sachgerechte Alternative zum wettbewerbsrechtlichen Standort auch des hier vorgeschlagenen Nachprüfungsverfahrens für Aufträge unterhalb der EU-Auftragsschwellenwerte. Dort könnte ein entsprechender Teil an die bisherigen Regelungen anknüpfen und nach § 129 GWB angefügt werden, was es, soweit angezeigt, erlauben würde, Verweisungen in den Komplex der Regelungen nach §§ 97 ff. GWB vorzunehmen.

Einhergehen müßte damit, wie bereits erläutert[207], eine Änderung der Gesetze über die Rechnungshöfe in Bund und Ländern, durch welche diesen die Aufgabe

[203] vgl. BT-Drucksache 13/9340, S. 12
[204] vgl. dazu auch Byok, a,a,O., S. 2776; Dreher, Neugestaltung, S. 344
[205] vgl. insbesondere Dreher, Neugestaltung, a.a.O., S. 344 f.
[206] vgl. dazu aktuell Dreher, Zukunft des Vergaberechts, a.a.O., S. 1265, 1271 ff.
[207] vgl. oben S. 63 ff.

der Vergabenachprüfung für Aufträge unterhalb der EU-Auftragsschwellenwerte gesetzlich zugewiesen würde. Dabei macht es die Verwaltungsferne der Rechnungshöfe im übrigen sympathisch, auch die Ansiedlung der Vergabekammern in Bund und Ländern, die derzeit ein wirres Bild unterschiedlichster organisatorischer Einbindungen abgeben[208], zentral bei den Rechnungshöfen vorzusehen.

II. Anwendungsbereich und Funktionen des Verfahrens

1. Ausschluß von Bagatellaufträgen

a. Steuerung im materiellen Vergaberecht

Da nach der hier vertretenen Auffassung subjektive Rechte nicht quantitativ oder gar wertmäßig im Mark und Pfennig (bzw. in Euro und Cent) zu bestimmen sind, erscheint es inkonsequent, nunmehr für den Anwendungsbereich eines Vergaberechtsschutzes unterhalb der EU-Auftragsschwellenwerte eine eigenständige Wertuntergrenze für Aufträge festzulegen, die zur Verfahrenseröffnung mindestens erreicht werden müsste.[209] Der "Schlüssel zum Glück" der öffentlichen Hand, will sagen der rechtliche Regulierungsansatz zur Vermeidung von investitionshemmenden Massenverfahren im Bereich von wirtschaftlich unbedeutenden Auftragswerten[210], liegt vielmehr im – in diesem Bereich nicht von europarechtlichen Richtlinien beeinflußten - Vergabeverfahrensrecht begründet. Wie bereits dargestellt[211], enthalten sämtliche Haushaltsordnungen des Bundes wie der Länder die für die

[208] es existieren derzeit 31 Vergabekammern in den Bundesländern; verwiesen sei hier beispielsweise auf die Ausgestalltung in Bayern: zwei Vergabekammern (vgl. Verordnung zur Regelung von Organisation und Zuständigkeiten im Nachprüfungsverfahren für öffentliche Aufträge – BayNpV – vom 01.01.1999, BayGVBl. 1999, S. 1); Baden-Württemberg: eine zentrale Vergabekammer (vgl. Verordnung der Landesregierung über die Nachprüfung der Vergabe öffentlicher Aufträge – Vergabenachprüfungsverordnung (VNPVO) – vom 12.04.1999, GBl. 1999, S. 153); Hamburg: drei Vergabekammern (vgl. Anordnung über Zuständigkeiten im Nachprüfungsverfahren für öffentliche Aufträge vom 06.04.1999, Amtl. Anz. Nr. 42 vom 14.04.1999, S. 937); Nordrhein-Westfalen: vier Vergabekammern (Verordnung über Einrichtung und Zuständigkeit der Vergabekammern im Nachprüfungsverfahren für die Vergabe öffentlicher Aufträge – ZuStVO NpV NW – vom 23.02. 1999, GVBl. 1999, S. 630

[209] so allerdings andeutend Dreher, Anwendungsbereich, a.a.O., S. 2588 und ders., Zukunft des Vergaberechts, a.a.O., S. 1272

[210] Dreher spricht von „Kleinvergaben“, vgl. ders., Zukunft des Vergaberechts, a.a.O., S. 1272

[211] vgl. Einführung, S. 1 ff.

öffentliche Haushaltsführung bindende Vorgabe, daß - vereinfacht ausgedrückt – Beschaffungsmaßnahmen der öffentlichen Hand in Gestalt von Lieferungen oder Leistungen öffentliche Ausschreibungen vorausgehen müssen, sofern nicht die Natur des Geschäfts oder besondere Umstände Ausnahmen rechtfertigen (vgl. z.B. § 55 Abs. 1 . BHO, § 30 HGrG - für den Bund - oder § 55 Abs. 1 LHO RP, 55 Abs. 1 LHO NW – für die Länder -).

Soweit es diese gesetzlichen Vorgaben und das damit verfolgte Ziel einer optimalen wirtschaftlichen Verwendung öffentlicher Mittel gestatten, ausnahmsweise von öffentlichen Ausschreibungen öffentlicher Aufträge abzusehen, so wird dies für diejenigen Fallgruppen als zulässig erachtet, die in § 3 Nr. 4 VOL/A und in § 3 Nr. 4 VOB/A niedergelegt sind.[212] Jene Kataloge der Fallgruppen zulässiger freihändiger Vergaben erfassen allerdings nicht explizit den im vorliegenden Zusammenhang interessanten Fall, in dem der Verwaltungs- und Verfahrensaufwand einer öffentlichen oder auch nur beschränkten Ausschreibung für den Auftraggeber oder den Bieter in einem Mißverhältnis zum Wert des Auftrages stehen würde. Vielmehr ist nach § 3 Nr. 3 b VOL/A bzw. § 3 Nr. 3 a VOB/A in diesen Fällen immer noch die Durchführung einer beschränkten Ausschreibung vorgesehen. Damit sind diejenigen "Bagatellaufträge" gemeint, die es hier von dem Zugang zum förmlichen Nachprüfungsverfahren auszuschließen gilt.[213]

b. Befreiung der Bagatellaufträge von der Ausschreibungspflicht

Das Regelwerk der Verdingungsordnungen, auf welches die Ausnahmevorschriften der Haushaltsordnungen anerkanntermaßen Bezug nehmen, sieht also im Grundsatz vor, daß auch solche öffentlichen Aufträge, deren Ausschreibungsaufwand im Mißverhältnis zum Auftragswert steht, mindestens noch einer beschränkten Ausschreibung unterzogen werden müssen. Jedoch findet sich hier bereits die Auffassung, daß derartige Fälle auch eine freihändige Auftragsvergabe ohne jegli-

[212] vgl. dazu Ingenstau/Korbion, a.a.O., VOB/A § 3 RN 6

[213] vgl. zu den Einzelheiten insbesondere Ingenstau/Korbion, a.a.O., VOB/A § 3 RN 23 ff.; Daub/Eberstein, a.a.O., VOL/A § 3 RN 20

che Ausschreibung rechtfertigen können, wenn der Ausschreibungsaufwand im ungesunden Mißverhältnis zum Wert der zu vergebenden Leistung stehe.[214] Das wird damit begründet, daß die Ausnahmekataloge der Verdingungsordnungen für die Fallgruppen zulässiger freihändiger Vergaben nicht abschließend und somit den Fällen offensichtlicher Bagatellaufträge zugänglich seien.

Zwar werden im Hinblick auf eine fixe Wertgrenze für die Annahme solcher Bagatellaufträge die jeweils besonders bedeutsamen und besonders zu würdigenden Umstände des Einzelfalles hervorgehoben.[215] Jedoch wird der Wettbewerbsgedanke nicht als gefährdet betrachtet, wenn eine solche Wertgrenze nicht ausschreibungspflichtiger öffentlicher Aufträge bei 10.000,00 DM (entsprechend künftig etwa 5.000,00 Euro) angesetzt wird.[216]

Diese Überlegungen sind im hier aufgeworfenen Zusammenhang dahingehend fruchtbar zu machen, als im Regelwerk der Verdingungsordnungen eine explizite Ausschreibungsfreistellung von solchen Aufträgen erfolgen sollte, welche die bereits erwähnte Wertgrenze nicht erreichen, und zwar unabhängig davon, ob im Einzelfall ein Mißverhältnis zwischen dem Auftragswert unterhalb dieser Wertgrenze und dem Ausschreibungsaufwand zu besorgen ist. Mit einer solchen verfahrensrechtlichen Regelung wäre das befürchtete Übel massenhafter Nachprüfungsverfahren im Bagatellbereich an der Wurzel gepackt, denn der öffentliche Auftraggeber wäre bereits nicht verpflichtet, einen solchen Bagatellauftrag in den Wettbewerb zu stellen. Ein öffentliches Vergabeverfahren würde also erst gar nicht stattfinden, ebensowenig wäre ein darauf gerichteter förmlicher und subjektiver Rechtsschutz eröffnet.

[214] so ausdrücklich Ingenstau/Korbion, a.a.O., VOB/A § 3 RN 37
[215] vgl. Ingenstau/Korbion, a.a.O., VOB/A § 3 RN 37
[216] so Ingenstau/Korbion, a.a.O., VOB/A § 3 RN 37

2. Nachprüfungsmöglichkeit hinsichtlich der Schätzungen des mutmaßlichen Gesamtauftragswertes

Allerdings wäre hier wie auch im Bereich der Verfahren nach §§ 97 ff. GWB den mit der Wertschätzungskompetenz des öffentlichen Auftraggebers verbundenen Risiken dahingehend zu begegnen, daß die Einleitung eines förmlichen Nachprüfungsverfahrens nicht alleine mit der Begründung abgelehnt werden kann, der einer konkreten Vergabe zugrundeliegende Gesamtauftragswert erreiche nicht die maßgebliche Bagatellwertgrenze.[217] Der Bieter muß die Möglichkeit haben, die Schätzungsgrundlagen und der Schätzungsvorgang sowie das schlußendliche Schätzungsergebnis durch die Nachprüfungsinstanzen überprüfen zu lassen. Auf diese Weise ist gewährleistet, daß das Nachprüfungsverfahren von der Bearbeitung von Bagatellfällen in der Sache verschont bleibt, während der Teilnehmer am Wettbewerb zugleich die Sicherheit einer unabhängigen Nachprüfung dahingehend hat, ob der über die auftraggeberseitige Schätzung des Auftragswertes erfolgte Ausschluß des Rechtsschutzes berechtigt ist.

B. Grundzüge des außergerichtlichen Nachprüfungsverfahrens

I. Ausgestaltung als reines Antragsverfahren

1. Sinn und Zweck des Antragsverfahrens

In Abweichung von der Regelung des § 57 b Abs. 3 HGrG a.F., wie sie bereits in § 107 Abs. 1 GWB vollzogen wurde, ist ein Nachprüfungsverfahren vor dem Rechnungshof nur auf entsprechenden förmlichen Antrag eines Teilnehmers am Wettbewerb um den konkreten Auftrag einzuleiten; eine Verfahrenseröffnung von Amts wegen findet nicht statt (anders: 54 Abs. 1 GWB für das Verwaltungsverfahren vor den Kartellbehörden). Die Ausgestaltung des Nachprüfungsverfahrens als reines

[217] vgl. zu dieser Problematik oben, S. 37/38 und 2. Vergabekammer der Bundes, Beschluß vom 23. Juli 1999 – VK 2-18/99 - , Europa kompakt 1999, 153; KG, Beschluß vom 24. August 1999 – Kart Verg 5/99 -, Europa kompakt 1999, 153; ferner Vergabekammer Rheinland-Pfalz, Beschluß vom 10.11.1999 – VK 1/99 – (nicht veröffentlicht)

Antragsverfahren resultiert aus der hier gewonnenen Erkenntnis, daß die Teilnehmer am Wettbewerb aus den Regeln dieses Wettbewerbs, so er von der öffentlichen Hand ausgeht, subjektive Rechte mit dem Anspruch auf gerichtliche Durchsetzung herleiten können. Diese Möglichkeit ist naturgemäß in die Initiative des Rechtsinhabers zu stellen, nicht aber in eine amtswegige Nachsuche nach und die Verfolgung von mutmaßlichen Rechtsverletzungen eines Dritten. Während das allgemeine kartellbehördliche Verfahren nach §§ 54 ff. GWB in besonderem Maße der Durchsetzung objektiven Kartellrechts zu dienen bestimmt ist, gilt entsprechendes nicht für das materielle Vergaberecht. Wenn dieses auch die bereits beschriebene, wettbewerbliche Ausrichtung erfahren hat, so bleibt doch zu sehen, daß die Ordnung des Wettbewerbs und dessen Schutz mit den Regelungen des Vergaberechts nur mittelbar bezweckt werden. Namentlich im hier interessierenden Vergabeverfahrensrecht steht der subjektive Rechtsschutz des Teilnehmers am Wettbewerb im Vordergrund. Damit soll korrespondieren, daß die Gewährung dieses Rechtsschutzes nur auf entsprechenden Antrag des Begünstigten hin erfolgt.

2. Form, Inhalt und Frist des Vergabenachprüfungsantrages

a. Antragsform und -inhalt

aa. Schriftformerfordernis und sofortige Begründung

Damit das Nachprüfungsverfahren unverzüglich in Gang kommen kann, müssen Anträge zwingend schriftlich eingereicht und uno actu begründet werden. Mit dem zeitgleichen Begründungserfordernis zur Antragstellung kann gegenüber der Regelung des § 108 Abs. 1 GWB, wonach ein schriftlich eingereichter Antrag lediglich „unverzüglich" zu begründen ist, eine deutlich verbesserte Verfahrensstraffung erzielt werden. Über § 108 Abs. 1 GWB hinausgehend erscheint es sinnvoll, nicht nur die dort vorgesehen Essentialia einer Antragsbegründung zu verlangen (Bezeichnung des Antragsgegners, Beschreibung der behaupteten Rechtsverletzung mit Sachverhaltsdarstellung, Bezeichnung der verfügbaren Beweismittel), sondern außerdem die abschließende Benennung der Gründe der Anfechtung einer geplanten Auftragsvergabe mit der Konsequenz einer Präklusion für das Vorbringen weiterer und anderweitiger Angriffe. Was nämlich diese Anforderungen an den das Nachprüfungsverfahren betreibenden Antragsteller angeht, erweist sich die Regelung des § 108 GWB vor dem Hintergrund der in § 113 GWB niedergelegten Entscheidungsfrist von fünf Wochen, gerechnet ab Eingang des Antrages, mindestens als nachlässig. Denn nach §108 Abs. 1 GWB soll der Antrag zwar ein bestimmtes Begehren enthalten, er muß jedoch nicht zugleich begründet werden. Diesen Regelungen ist nicht zu entnehmen, daß die Begründung Wirksamkeitsvoraussetzung des Antrages ist.[218]

Da der Lauf der auf maximal fünf Wochen begrenzten Entscheidungsfrist der Vergabekammer nach 113 Abs. 1 Satz 1 GWB allerdings schon mit dem Eingang des Antrags, nicht erst mit dem Eingang der Antragsbegründung beginnt, verursacht § 108 Abs. 1 GWB unnötige Schwierigkeiten dann, wenn eine Antragsbegründung nicht oder jedenfalls nicht unverzüglich vorgelegt wird.[219] Diese praktischen Erschwernisse können nicht dadurch beseitigt werden, daß etwa die Aussetzungswirkung der Antragszustellung nach 115 Abs. 1 GWB wieder rückgängig gemacht wird, wenn der Antrag nicht unverzüglich oder gar nicht begründet wird. Ohne Anknüpfungspunkt im Gesetz ist daher die Annahme, ein ordnungsmäß gestellter Antrag werde erst mit dem Eingang der Antragsbegründung "wirksam".[220] Denn der Antrag auf Vergabenachprüfung ist nach den Vorgaben des § 108 GWB ordnungsgemäß gestellt, wenn er den im Gesetz verlangten Voraussetzungen genügt. Steht dies fest, so ist er sofort zuzustellen, damit er seine Aussetzungswirkung entfalten kann; §§ 110 Abs. 2, 115 Abs. 1 GWB. Ein Zuwarten auf die gesetzlich nicht zwingende Antragsbegründung ist bei den Verfahrensregelungen der §§ 107 ff. GWB nicht statthaft und würde nach deren Systematik zu erheblichen Rechtsnachteilen auf Seiten des Antragstellers führen, weil nur die förmliche Zustellung des Antrags an den Antragsgegner nach § 110 Abs. 2 GWB i.V.m. den Regelungen des Verwaltungszustellungsgesetzes die Aussetzungswirkung entfal-

[218] so auch zutreffend Bechtold, a.a.O., § 108 RN 2
[219] vgl. auch Gröning, Rechtsschutzqualität und Verfahrensbeschleunigung, a.a.O., S. 374
[220] so Bechtold, a.a.O., § 108 RN 2

tet.[221] Diesen Mißständen kann relativ einfach dadurch vorgebeugt werden, daß der Antragsteller verpflichtet wird, sein Rechtsschutzersuchen sogleich mit der Antragstellung zu begründen. Damit steckt der Antragsteller in einer für das Verfahren des subjektiven Rechtsschutzes typischen Weise den Rahmen der Nachprüfung ab.

bb. Präklusion weiteren Vorbringens

Zur Vermeidung unnötiger Verzögerungen im Verfahrensablauf ist, wie erwähnt, die Antragstellung sinnvollerweise mit einer Präklusion für das Vorbringen weiterer Anfechtungsgründe im Sinne einer erweiternden Antragsbegründung vorzusehen. Das stellt erhöhte Anforderungen an die Sorgfalt des Antragstellers, ist aber im Rahmen von Rechtsmittelverfahren, deren beschleunigte Abwicklung von besonderer Bedeutung ist, mittlerweile üblich.[222]

b. Ausschlußfrist für den Nachprüfungsantrag

Die Ausgestaltung eines beschleunigten und zugleich bzw. deshalb effektiven Rechtsschutzverfahrens kann ferner nicht auf die Normierung einer Ausschlußfrist für die Antragstellung im Verfahren der Vergabenachprüfung auskommen. Soweit das in § 107 ff. GWB niedergelegte Nachprüfungsverfahren vor der Vergabekammer darauf verzichtet, dem Antragsteller eine Frist zur Einreichung des Nachprüfungsantrages zu setzen, so versteht sich dies zum einen vor dem Hintergrund der in § 124 Abs. 1 GWB niedergelegten Bindungswirkung der Entscheidung der Vergabekammer für das ordentliche Gericht im Schadensersatzprozeß des rechtswidrig übergangenen Bieters.[223] § 124 Abs. 1 GWB ordnet für den Fall, daß wegen

[221] vgl. zum Erfordernis der förmlichen Zustellung nach dem VwZG trotz vorangegangener Übersendung des Antrags per Telefax: OLG Schleswig-Holstein, Beschluß vom 01.06.1999 – 6 Verg 1/99 -, Europa kompakt 1999, S. 152
[222] vgl. dazu die Beispiele bei Busch in: Knack, a.a.O., § 74 RN 6.9.1.6
[223] so Bechtold, a.a.O., § 107 RN 4

eines Verstoßes gegen Vergabevorschriften Schadensersatz geltend gemacht wird und zuvor ein Verfahren vor der Vergabekammer nach §§ 107 ff. GWB stattgefunden hat, eine Bindung des ordentlichen „Schadensersatzgerichts“ an die bestandskräftige Entscheidung der Vergabekammer (und ggf. an diejenige des Oberlandesgerichts oder des auf dem Vorlagewege befaßten Bundesgerichtshofs) an. Die Bindungswirkung erstreckt sich dabei auf die Tatsachenfeststellungen und – beurteilungen sowie auf diejenigen vergaberechtlichen Rechtsfragen, über die entschieden worden ist.[224]

Diese Regelung korrespondiert mit § 114 Abs. 2 Satz 2 GWB, wonach die Vergabekammer auch nach Erledigung des Nachprüfungsverfahrens in der Hauptsache zu der Feststellung einer möglichen Rechtsverletzung berechtigt ist.[225]

Faktisch kommt jenes Verfahren allerdings und zum anderen deshalb ohne die Normierung einer Antragsausschlußfrist aus, weil nur der dem öffentlichen Auftraggeber förmlich zugestellte Nachprüfungsantrag die Aussetzung des Vergabeverfahrens in Gestalt eines Zuschlagsverbotes bewirkt (§§ 110 Abs. 2, 115 Abs. 1 GWB).[226] Da außerdem ein einmal erteilter Zuschlag weder durch die Vergabekammer noch im Beschwerdewege durch das Oberlandesgericht aufgehoben werden kann (§ 114 Abs. 2 Satz 1, 123 S. 4 GWB), ist der Antragsteller in praxi gezwungen, im Falle behaupteter vergaberechtlicher Verstöße unverzüglich tätig zu werden und den Nachprüfungsantrag unverzüglich förmlich zu stellen.

Gleichwohl schließen es diese Regelungen nicht aus, daß der öffentliche Auftraggeber erstmals in einem bereits weit fortgeschrittenen Stadium des Vergabever-

[224] vgl. Bechtold, a.a.O., § 124 RN 2

[225] Unabhängig von der Problematik, ob eine behördliche Entscheidung vor dem Hintergrund des Art. 97 GG Bindungswirkung für den Richter entfalten kann, ist bereits Streit entstanden, ob § 114 Abs. 2 Satz 2 GWB die Anrufung der Vergabekammer auch nach Erledigung der Hauptsache gestattet, sozusagen also Fortsetzungsfeststellungsanträge zuläßt; vgl. dazu etwa OLG Düsseldorf, Beschluß vom 13.04.1999 – Verg 1/99 -, BB 1999, S. 1078 mit Anmerkung Noch; Vergabekammer Hessen, Beschluß vom 29.09.1999 – VK 8/99 -, Europa kompakt 1999, S. 168; Vergabekammer Lüneburg, Beschluß vom 28.05.1999 – 203-VgK-2/1999 -, Europa kompakt 1999, S. 135; Gröning, Grundlagen, a.a.O., S. 56 f.

[226] vgl. dazu OLG Schleswig-Holstein, Beschluß vom 01.06.1999 – 6 Verg 1/99 -, Europa kompakt 1999, S. 152; kritisch hingegen Leinemann/Weihrauch, a.a.O., S. 147

fahrens von einem Nachprüfungsantrag überrascht wird. Wenn dem so ist und der Auftraggeber bis dahin einen bereits erheblichen Aufwand betrieben hat, das möglicherweise sehr komplexe Vergabeverfahren also kurz vor seinem Abschluß steht[227], so ist es nicht förderlich, in einer solchen späten Phase des Vergabeverfahrens dasselbe nochmals zwingend und mit offenem Ausgang anzuhalten. Die bis dahin verbrauchten Ressourcen, die gerade bei umfangreichen Aufträgen erheblich sein können, sind daher sinnvollerweise zu schützen. Das kann dadurch bewirkt werden, daß der öffentliche Auftraggeber mit dem Verstreichen einer bestimmten Frist der ungehinderten Weiterführung des Vergabeverfahrens gewiß sein kann. Die Vorbereitung und die Durchführung öffentlicher Auftragsvergaben verlangt namentlich dann, wenn die Gegenstände komplex sind, ein solches Maß an Planungs- und Verfahrenssicherheit, daß es umgekehrt dem rechtssuchenden Bieter abverlangt werden kann, sein Rechtsschutzbegehren unter Einhaltung einer bestimmten Frist auszubringen.

Eine solche Regelung kann auch nicht durch die Begründung einer Rügepflicht nach Art der Regelung des § 107 Abs. 3 GWB kompensiert werden, weil diese in erster Linie ein weiteres Feld für Auseinandersetzungen dahingehend bietet, ob ein bestimmter Verstoß gegen Vergabevorschriften bereits im Vergabeverfahren erkannt wurde oder nach dem Maßstab eines sorgfältigen Bieters wenigstens hätte erkannt werden müssen.[228] Alleine diese Auseinandersetzung muß schon im Antragsverfahren erfolgen und kann dieses durchaus umfangreich belasten, so daß der damit verfolgte Zweck, dem öffentlichen Auftraggeber Rettungsmöglichkeiten zu geben und dem Bieter Spekulationsmöglichkeiten zu nehmen, sogleich wieder in den Schatten tritt.[229]

Spricht somit überwiegendes für die Normierung einer Antragsfrist, so sollte diese auf die Dauer von einer Woche oder von maximal zehn Tagen, zu rechnen ab

[227] zu denken ist hier etwa an umfangreiche Ausschreibungsverfahren für Großprojekte, wie sie etwa der Entscheidung des OLG Brandenburg vom 03.08.1999 – 6 Verg 1/99 -, NVwZ 1999, S. 1142 ff. betreffend den Flughafen Berlin-Brandenburg zugrunde lagen
[228] vgl. Bechtold, a.a.O., § 107 RN 2, 3
[229] vgl. dazu Leinemann/Weihrauch, a.a.O., S. 144 f.

dem Tag des Eingangs der vollständigen Ausschreibungsunterlagen bei dem Bieter, begrenzt werden. Dieser ist dadurch in ausreichendem Maße in die Lage versetzt, das konkrete Vergabeverfahren in den Einzelheiten auf eventuelle Rechtsverstöße hin nachzuprüfen und behauptete Rechtsverstöße anhand der vollständigen Ausschreibungsunterlagen zu begründen. Der Auftraggeber kann hingegen mit dieser Frist planen; er muß allerdings auf diese mit der Versendung der vollständigen Ausschreibungsunterlagen klar und deutlich im Sinne einer Rechtsmittelbelehrung hinweisen.

3. Antragstellung bei der Vergabestelle

a. Bedeutung für die Beschleunigungswirkung

§ 107 Abs. 1 GWB sieht derzeit vor, daß ein Antrag auf Vergabenachprüfung bei der Vergabekammer zu stellen ist. Diese prüft den Antrag vor und stellt ihn nach § 110 Abs. 2 Satz 1 GWB dem Antragsgegner förmlich zu. Mit der Zustellung entfaltet der Antrag das in § 115 Abs. 1 GWB niedergelegte Zuschlagsverbot. Diese Vorgänge können im Einzelfall und namentlich dann, wenn – wie etwa bei Antragstellungen vor den Vergabekammern des Bundes – Kostenvorschüsse in nicht unerheblicher Höhe einzuzahlen sind[230], längere Zeit in Anspruch nehmen und bergen daher die Gefahr in sich, daß zwischenzeitlich der Zuschlag irreversibel erteilt wird.[231]

Unabhängig davon, wie ein solcher Antrag, der von der Zuschlagserteilung überholt wird, im weiteren zu behandeln ist[232], führt ein solcher Verfahrensverlauf jedenfalls zum Verlust des primären Rechtsschutzziels des Antragstellers. Die Ge-

[230] vgl. § 4 der Geschäftsordnung für die Vergabekammern des Bundes, BAnz. 1999, S. 252, wonach 5.000 DM einzuzahlen sind, bevor der Antrag dem Gegner zugestellt wird

[231] vgl. dazu beispielhaft die Fälle der Vergabekammer Brandenburg oben S. 43/44, in denen ganz überwiegend über Monate keine Kostenvorschüsse eingezahlt wurden, so daß die Verfahren faktisch ruhten

[232] vgl. dazu Gröning, Grundlagen, a.a.O., S. 57, der einen solchen Antrag weiterhin für zulässig hält; vgl. andererseits OLG Düsseldorf, Beschluß vom 13.04.1999 – Verg 1/99 -, BB 1999, S. 1078

fahr, daß unabänderliche Fakten zum Nachteil des Antragstellers durch eine sehr zügige Zuschlagserteilung geschaffen werden, erhöht sich im System der §§ 107 ff. GWB noch weiter dadurch, daß der öffentliche Auftraggeber durch die verpflichtenden Rügen des Antragstellers (§ 107 Abs. 3 GWB) vorgewarnt wird. Wenn der Auftraggeber in dieser Situation unverzüglich den Zuschlag anderweitig erteilt, um ein sich über die Rügen ankündigendes Nachprüfungsverfahren zu vereiteln, so handelt er dabei gar im Rahmen der ihm nach dem Gesetz eröffneten Möglichkeiten.[233]

Vor diesem Hintergrund wird die Notwendigkeit einer Antragstellung mit vollständiger Begründung sogleich bei der den Auftrag ausschreibenden Stelle (Vergabestelle) dem Ziel effektiver Rechtsschutzgewährung weitaus besser gerecht, als das vorbeschriebene System der §§ 107 ff. GWB, und beseitigt außerdem die aufgezeigten Streitpunkte um die Zulässigkeit eines durch Zuschlagserteilung überholten Antrages.

Die hier projektierte Antragstellung bei der Vergabestelle führt zu einer deutlichen Verbesserung der verfahrensrechtlichen Situation des Antragstellers und zu einer erheblichen Beschleunigung des gesamten behördlichen Nachprüfungsverfahrens, wenn die Vergabestelle zugleich verpflichtet wird, den eingegangenen Antrag mit den einschlägigen Vergabeakten unverzüglich der Nachprüfungsbehörde, dem Rechnungshof, vorzulegen. Dabei kann sie überdies auch zur Sache Stellung nehmen.

[233] so im Ergebnis OLG Schleswig-Holstein, Beschluß vom 01.06.1999- 6 Verg 1/99 -, Europa kompakt 1999, S. 152

b. Eintritt der aufschiebenden Wirkung des Nachprüfungsantrages

Außerdem ist vorzusehen, daß der Antrag auf Vergabenachprüfung bereits mit seinem Eingang bei der Vergabestelle aufschiebende Wirkung im Hinblick auf die Zuschlagserteilung entfaltet. Damit begegnet man denjenigen Problemstellungen, die sich aus dem Zustellungserfordernis, §§ 115 Abs. 1, 110 Abs. 2 Satz 1 GWB, ergeben.[234] Es reicht dann auch aus, wenn die Nachprüfungsbehörde nach Vorlage des Antrags einen Kostenvorschuß für das Verfahren anfordert und von dessen Entrichtung die weitere Verfahrensbearbeitung, auf die sogleich einzugehen ist, abhängig macht. Schärfstes Schwert könnte dabei eine Regelung sein, welche die Rücknahme des Nachprüfungsantrages fingiert, wenn nicht der Kostenvorschuß innerhalb einer zwingenden Frist eingezahlt ist. Damit wird vermieden, daß Nachprüfungsanträge wegen fehlender Kosteneinzahlung faktisch zum Ruhen kommen, aber keine ordnungsgemäße Erledigung finden.[235]

II. Antragsberechtigung

1. Allgemeine Voraussetzungen

Wie bereits dargestellt[236], erscheint es rechtlich bedenklich und inhaltlich verfehlt, subjektive Rechtspositionen im Vergabeverfahren quantitativ zu bestimmen und dergestalt ein sachlich nicht zu begründendes Zweiklassensystem für den Rechtsschutz bei öffentlicher Auftragsvergabe zu schaffen. Diese Erkenntnis wirkt sich nunmehr auf die Antragsberechtigung für die Nachprüfungsverfahren unterhalb der EU-Auftragsschwellenwerte aus, und zwar dahingehend, daß hier nichts anderes gelten kann, als im Auftragsbereich oberhalb der maßgeblichen Schwellenwerte. Hier wie dort müssen also diejenigen subjektiven Rechtsgewährleistungen gelten, die für den Anwendungsbereich der 97 ff. GWB in § 97 GWB und in dem

[234] vgl. dazu oben, S. 80
[235] vgl. auch dazu die Fälle der Vergabekammer Brandenburg oben S. 43/44, die es mit der hier vorgeschlagenen Regelung nicht geben würde
[236] vgl. dazu im einzelnen oben S. 45 ff.

dort in Bezug genommenen untergesetzlichen Regelwerk kodifiziert sind. Nur dann ist das System von subjektiven Rechten der Teilnehmer am Wettbewerb einerseits und der Verfahrens- und Verhaltenspflichten der öffentlichen Auftraggeber andererseits schlüssig aufeinander abgestimmt und insbesondere frei von diskriminierenden Ansätzen, wie sie bereits Art. 12 EGV ohne irgendwelche Bagatellvorbehalte verbietet.[237]

Mithin haben also auch die Unternehmen im Auftragsbereich unterhalb der EU-Auftragsschwellenwerte einen (durchsetzbaren) Anspruch darauf, daß der Auftraggeber die Bestimmungen über das Vergabeverfahren einhält, womit korrespondiert, daß jedes Unternehmen antragsberechtigt bzw. antragsbefugt ist, welches eine Verletzung in eben diesen Vergabeverfahrensrechten geltend machen kann (vgl. § 107 Abs. 2 Satz 1 GWB).

2. Interesse am Auftrag

Die im Zusammenhang mit der Antragsbefugnis in § 107 Abs. 2 Satz 1 GWB weiter niedergelegten Voraussetzung, daß zur Anerkennung einer Antragsbefugnis (außerdem) ein Interesse am Auftrag hinzutreten müsse, kommt bei genauer Betrachtung und so hier keine eigenständige Bedeutung zu; sie erweist sich als überflüssig. Denn die für die Antragsberechtigung zu verlangende substantiierte Darstellung der Möglichkeit einer Verletzung in eigenen Vergaberechten kann nur für einen Antragsteller in Betracht kommen, der am konkreten Wettbewerb teilnimmt und selbst Bieter ist. Dann aber liegt naturgemäß auch ein Interesse am Auftrag vor. Ein außenstehendes Unternehmen, welches also nicht am konkreten Wettbewerb teilnimmt, kann schon nicht geltend machen, durch eine Maßnahme der vergebenden Stelle konkret in eigenen Vergaberechten verletzt zu sein. Mithin kann der an dieser Stelle abzuwehrenden Gefahr sogenannter Popularanträge alleine mit der vorgeschlagenen Regelung zur Antragsberechtigung effektiv be-

[237] vgl. zu dieser Problematik allgemein Dreher, Zukunft des Vergaberechts, a.a.O., S. 1265 ff.

gegnet werden, ohne daß weitere Voraussetzungen geschaffen werden müßten oder auch nur erforderlich wären.

Dies gilt um so mehr, als Sinn und Zweck einer solchen Regelung der Vorschrift des § 42 Abs. 2 VwGO über die Klagebefugnis im Verwaltungsgerichtsprozeß entsprechen. Die dafür entwickelten Auslegungsregeln werden bereits für § 107 Abs. 2 Satz 2 GWB herangezogen.[238]

Daß die Regelungen über die Antragsberechtigung schließlich nicht dazu dienen können, den Vergaberechtsschutz im Bereich sehr kleiner Aufträge auszuschließen, versteht sich vor dem bereits erörterten Hintergrund der Wertunabhängigkeit subjektiver Rechtspositionen von selbst.

III. Aufschiebende Wirkung des Antrags und Antragsbehandlung

1. Erfordernis und Voraussetzungen der aufschiebenden Wirkung

Das Nachprüfungsverfahren kommt auch im Bereich unterhalb der EU-Auftragsschwellenwerte nicht umhin, dem Nachprüfungsantrag zur effektiven Sicherung der Rechte des Antragstellers aufschiebende Wirkung mit dem Inhalt eines Zuschlagsverbotes beizumessen, wie dies gegenwärtig § 115 Abs. 1 GWB für den Anwendungsbereich der §§ 97 ff. GWB vorsieht. Mit der Erteilung des Zuschlags kommt nach zivilrechtlichen Grundsätzen regelmäßig der angestrebte Vertrag zustande (§§ 28 Nr. 2 VOL/A und VOB/A).[239] Anerkannt ist, daß in einen auf diese Weise zustande gekommenen Vertrag auch nicht gerichtlich nachträglich revidierend eingegriffen werden kann, dies etwa in Gestalt der gerichtlichen Kassation des bereits erteilten Zuschlags.[240] Aus den nämlichen Erwägungen muß es deshalb dem Auftraggeber auch im Bereich der Aufträge unterhalb der EU-Auftrags-

[238] vgl. Bechtold, a.a.O., § 107 RN 1
[239] vgl. Ingenstau/Korbion, a.a.O., VOB/A § 28 RN 4 ff.; vgl. zu neueren Überlegungen, zwischen - öffentlich-rechtlichem - Zuschlag und - privatrechtlichem - Vertragsschluß zu trennen: EuGH, Urteil vom 28.10.1999 – Rs. C-81/98 – (Alcatel Austria AG u.a.), WRP 2000, S. 84; Erdl, Neues Vergaberecht, a.a.O., S. 1341 ff.; Gröning, Grundlagen, a.a.O., S. 57 und ders., Deutsches Vergaberecht, a.a.O., S. 50 ff.
[240] vgl. KG, Urteil vom 10.04.1995 – Kart. U 7605/94 -, EuZW 1995, 645, 648

schwellenwerte zwingend verboten sein, während der Anhängigkeit eines Vergabenachprüfungsverfahrens und bis zu einer darauf gerichteten Gestattungsentscheidung einer Nachprüfungsinstanz den Zuschlag erteilen zu dürfen.

2. Kein Zwischenverfahren betreffend die Zuschlagserteilung

Im Zielkonflikt mit einer effektiven Rechtsschutzgewährung einerseits und einer unter wirtschaftlichen Investionsgesichtspunkten nicht über Gebühr hinderlichen Verfahrensgestaltung andererseits wurden für den Bereich der Schwellenwertaufträge in §§ 115 Abs. 2 und 121 GWB Zwischenverfahren betreffend die Vorabentscheidung über den Zuschlag eingeführt, in welchen auf der Grundlage einer Abwägung der wechselseitigen Interessen der Verfahrensbeteiligten entschieden wird. Jene den Regelungen der §§ 80 bis 80 b VwGO nachgebildeten Zwischenverfahren sind durchaus darauf angelegt, in der Praxis die Sache mit einer solchen Eilentscheidung de facto abzuschließen, weil nach einer etwaigen Vorab-Zuschlagsgestattung das Vergabeverfahren mit jener Zuschlagserteilung und auch im übrigen fortgesetzt werden kann und dem Antragsteller dann alleine noch Sekundäransprüche verbleiben. Eine solche mindestens faktisch erzielte Verlagerung der Sachentscheidung auf die Ebene einer reinen Eilentscheidung und unter die Geltung der dort üblichen Entscheidungsfindungskriterien ist nicht nur überflüssig, sondern auch aus Bietersicht dem Rechtsschutzverfahren insgesamt sehr abträglich. So kann die in § 115 Abs. 2 S. 1 GWB vorgesehene „Schonfrist“ von zwei Wochen anderweitig effektiv dazu genutzt werden, auf der Grundlage des mit seiner Einreichung zugleich zu begründenden und in den Angriffspunkten abschließend eingegrenzten Antrages[241] eine mündliche Erörterung durchzuführen, die weitaus mehr geeignet ist, die Streitsache zu fördern, als ein schriftliches Zwischenverfahren über die Voraberteilung des Zuschlags. Dieses regt im Falle des § 115 Abs. 2 GWB allenfalls dazu an, das Beschwerdegericht anzurufen, was weiteren erheblichen Aufwand und Kosten bei allen Beteiligten nach sich zieht.

[241] vgl. dazu oben, S. 75 f.

Die aufschiebende Wirkung des Nachprüfungsantrages mit der Wirkung eines Zuschlagsverbotes soll zudem, wie im einzelnen noch dargelegt wird[242], während der gesamten Dauer des behördlichen Verfahrens vor dem Rechnungshof bestehen bleiben. Die in §§ 115 ff. GWB vorgesehenen Zwischenverfahren sind vor dem Hintergrund der hier aufzuzeigenden anderweitigen Regelungsmöglichkeiten durchaus als einseitige Konzessionen an die öffentlichen Auftraggeber zu verstehen, die nicht mit einem allzu konsequenten Rechtsschutz des Bieters konfrontiert werden sollten. Da in der vergaberechtlichen Beratungspraxis festzustellen ist, daß sich die Schwerpunkte der Auseinandersetzungen zwischen Bietern und öffentlichen Auftraggebern inhaltlich relativ beständig wiederholen, kann die hier vorgeschlagene Verfahrensgestaltung erheblich dazu beitragen, bestehende Dauerprobleme zu überdenken und überarbeiteten, durchaus einvernehmlichen Lösungen zuzuführen.

IV. Obligatorische mündliche Verhandlung im behördlichen Nachprüfungsverfahren

1. Sinn und Zweck einer frühen mündlichen Verhandlung

Vor diesem Hintergrund kommt einer möglichst unverzüglichen mündlichen Erörterung der Streitsache eine besondere Bedeutung zu, so daß diese zwingend vorzusehen ist. Das bisweilen aufgezeigte Szenario nicht zu bewältigender Massen von Verwaltungsvorgängen und Angebotsunterlagen[243] ist schon alleine deshalb nicht geeignet, für Unruhe zu sorgen, weil nach den hier unterbreiteten Vorschlägen der Antragsteller gezwungen wird, die Gründe seiner Anfechtung mit der Antragstellung abschließend zu benennen. Eine umfangreiche Fehlersuche, wie sie § 110 Abs. 1 GWB jedenfalls nicht verbietet, findet demnach nicht statt.

[242] vgl. dazu unten S. 92 ff.
[243] vgl. dazu Gröning, Rechtsschutzqualität und Verfahrensbeschleunigung, a.a.O., S. 375

Die Bieter haben häufig ein geradezu elementares Interesse daran, ihren Rechtsstandpunkt mit dem Auftraggeber zu erörtern. Oft ist dafür eine gewachsene Auftragsbeziehung zwischen dem Bieter und dem konkreten Auftraggeber oder die ständige Erfahrung des Bieters mit einem bestimmten Vergabeverhalten des konkreten Auftraggebers ursächlich, die es sinnvoll erscheinen lassen, die möglicherweise zum wiederholten Male auftretenden Streitpunkte umfangreich zu diskutieren. Besteht diese Möglichkeit, so zeigt die Erfahrung, daß die im Anschluß daran getroffene Entscheidung eine weitaus höhere Akzeptanz erfährt, als dies für eine solche im schriftlichen Verfahren etwa nach § 115 Abs. 2 GWB der Fall ist.

2. Durchführung der mündlichen Verhandlung

Der Rechnungshof soll deshalb im Verfahren der Vergabenachprüfung gehalten sein, mit der Zustellung des begründeten Antrags an den Auftraggeber sogleich einen zeitnahen Termin zur mündlichen Erörterung der Streitsache zu bestimmen; dieser Termin soll (spätestens) zwei Wochen nach dem Eingang des Antrags liegen. Damit die Nachprüfungsbehörde in der Lage ist, den Termin ordnungsgemäß vorzubereiten, soll der Auftraggeber verpflichtet werden, seine Antragserwiderung, wenn er sie nicht schon mit der Antragsschrift und den dazu gehörigen Vergabeakten vorgelegt hat, innerhalb einer Woche nach Eingang des Nachprüfungsantrags einzureichen. In Abhängigkeit von dem Umfang und der Komplexität sowie der Schwierigkeit der Sache verbleibt dem Rechnungshof dann mindestens eine Woche, um den Termin zur mündlichen Erörterung vorzubereiten.

Im Termin soll insbesondere die gütliche Beilegung der Auseinandersetzung angestrebt werden. Dies kann dann besonders sinnvoll sein, wenn, worauf sogleich eingegangen wird, nur diejenigen übrigen Wettbewerbsteilnehmer zu dem Verfahren hinzugezogen werden, die berechtigterweise einen darauf gerichteten, nur innerhalb einer bestimmten Frist zulässigen Beiladungsantrag gestellt haben. Denn was in der Vergabepraxis nicht selten auf informellem Wege zur Lösung vergaberechtlicher Auseinandersetzungen erfolgreich unternommen wird, nämlich der Interessenausgleich unmittelbar zwischen dem Antragsteller und demjenigen

Bieter, der voraussichtlich den Zuschlag erhalten soll, sollte durchaus auch zum Inhalt einer förmlichen Streitschlichtung vor der Nachprüfungsbehörde gemacht werden können.

V. Hinzuziehung anderer Beteiligter/Beiladung

1. Beiladung nur auf fristgebundenen Antrag

§ 109 GWB hat im Hinblick auf die Verfahrensbeteiligung Dritter am Vergabenachprüfungsverfahren Beiladungsmöglichkeiten eröffnet, die sich an die Regelung des § 54 Abs. 2 GWB betreffend das Verfahren vor den Kartellbehörden anlehnen, die aber insbesondere für die Beteiligung von Verbänden hinter dieser Vorschrift zurückbleiben[244]. Zur Effektuierung des Rechtsschutzes und zur Erleichterung des hier vorgeschlagenen beschleunigten Verfahrens vor der behördlichen Nachprüfungsinstanz ist es hingegen zielführend, den Kreis der Hinzuzuziehenden gegenüber den Regelungen des § 54 Abs. 2 GWB und auch des § 109 GWB deutlich einzugrenzen. Vor dem Hintergrund der hier vorgeschlagenen Verfahrensweise (Rechtsmittelbelehrung in den Angebotsunterlagen, zwingende Antragsfrist) soll eine obligatorische Hinzuziehung alleine für diejenigen Dritten in Betracht kommen, die in dem nämlichen Vergabeverfahren fristgerecht einen Beiladungsantrag gestellt haben. Dies kann in Anlehnung an § 54 Abs. 2 Nr. 3 GWB geschehen, der für das Kartellverwaltungsverfahren eine Beiladungsmöglichkeit für Personen und Personenvereinigungen gestattet, deren Interessen durch die Entscheidung erheblich berührt werden und die (deshalb) einen Antrag auf Beiladung stellen.

Wie bereits herausgearbeitet, geht es im vergaberechtlichen Nachprüfungsverfahren im Schwerpunkt um die Durchsetzung subjektiver Rechte. Ebenso, wie das Initiativrecht für den eigentlichen Nachprüfungsantrag alleine bei demjenigen liegt, der Rechtsschutz begehrt, kann von demjenigen, der im Verfahren eines Dritten

[244] vgl. Bechtold, a.a.O., § 109 RN 2

eine erhebliche Berührung eigener Interessen erkennt, verlangt werden, daß er diese darlegt und um die Einräumung eines eigenen Beteiligungsrechtes im „fremden“ Verfahren innerhalb einer bestimmten Überlegungs- und Prüfungsfrist ersucht. Kenntnis von dem Nachprüfungsverfahren eines Dritten erhalten die übrigen Mitbewerber und potentiellen Beigeladenen durch die vorzusehende Mitteilung der Vergabestelle, daß im Vergabeverfahren ein Nachprüfungsantrag fristgerecht gestellt wurde und das Verfahren wegen der aufschiebenden Wirkung des Antrages einstweilen ausgesetzt wird. Eine solche Unterrichtung aller Bieter ist ohnedies vonnöten, damit sich diese auf die eintretenden Verzögerungen einstellen können. Mit dieser Benachrichtigung der Bieter über die Verfahrenseröffnung ist sodann die förmliche Aufforderung zu verbinden, innerhalb einer Ausschlußfrist von einer Woche unter Darlegung der Gründe die eventuelle Hinzuziehung zum Verfahren zu beantragen. Im Rahmen der dann zu treffenden Hinzuziehungsentscheidung kann die Nachprüfungsbehörde auf die gleichermaßen bekannten wie bewährten Kriterien zur Anwendung und Auslegung des § 54 Abs. 2 Nr. 3 GWB zurückgreifen[245], aber auch auf diejenigen zu § 13 Abs. 2 Satz 2 VwVfG[246] und zu § 65 VwGO[247], die den kartellrechtlichen Beiladungsvorschriften allesamt sehr ähnlich sind.

Auf diese Weise kann die konzentrierte und beschleunigte Durchführung des Verfahrens erheblich gefördert werden. Demgegenüber fehlt es der Regelung des § 109 GWB erheblich an Stringenz, was bereits dazu führt, daß dieser Regelung ein weit auszulegender Entscheidungsspielraum der Vergabekammern beigemessen wird.[248]

Auf die mit der Hinzuziehung verbundenen Kostenfolgen wird gesondert eingegangen.

[245] vgl. Bechtold, a.a.O., § 54 RN 4 ff.
[246] vgl. Clausen in: Knack, a.a.O., § 13 RN 4 ff.
[247] vgl. Kopp/Schenke, a.a.O., § 65 RN 1 f., 5 ff. und 26 ff. für die fristgebundene Antragsbeiladung in sog. Massenverfahren
[248] vgl. Leinemann/Weihrauch, a.a.O., S. 146

2. Problematik der Hinzuziehung weiterer Dritter von Amts wegen

Die Hinzuziehung weiterer Dritter, die keinen darauf gerichteten Antrag gestellt haben, wohl aber ein wie auch immer geartetes Interesse am Ausgang des Verfahrens haben könnten, erscheint weder zwingend noch sinnvoll. Da das hier konzipierte Nachprüfungsverfahren in einem denkbar frühen Verfahrensstadium ansetzt, liegen im Zeitpunkt einer Hinzuziehungsentscheidung möglicherweise noch nicht einmal alle Angebote vor, die es späterhin zu werten gilt. Da das Nachprüfungsverfahren darauf angelegt ist, frühzeitig Rechtsschutz zu gewähren und ein möglicherweise rechtswidriges Vergabeverfahren ebenso frühzeitig anzuhalten, verbietet es sich insbesondere, etwa mit der amtswegigen Hinzuziehung Dritter bis zum Angebotsendtermin zuzuwarten, um dann etwa anhand des Submissionsspiegels überblicken zu können, ob und ggf. welche weiteren Angebote neben demjenigen des Antragstellers vorliegen, in die engere Wahl kommen und deshalb zur Beiladung der betroffenen Bieter veranlassen könnten.[249]

Eine solche Verfahrensweise ist insbesondere nicht erforderlich, um den Anfechtungsgründen, die der Antragsteller frühzeitig vorbringt und auf die es letztlich entscheidungserheblich ankommt, im einzelnen nachgehen zu können. Davon scheint indessen der Gesetzgeber des § 109 GWB ausgegangen zu sein, der mit der Beiladung anderer Bieter auch sicherstellen wollte, daß mögliche weitere Antragsverfahren aufgrund etwaiger Beanstandungen Dritter sogleich ausgeschlossen werden.[250] Dieser Ansatz kann allerdings dazu verleiten, möglichst viele Bieter einzubeziehen, was wiederum in Zielkonflikt mit dem Beschleunigungsgrundsatz steht.

Daß bei der hier vorgeschlagenen Konstruktion der außenstehende Bieter möglicherweise ein Angebot ausarbeitet und einreicht, welches im Gefolge eines erfolgreichen Nachprüfungsantrages eines anderen ins Leere geht, muß als Konsequenz effektiver Rechtsschutzgewährung im Vergabeverfahren hingenommen

[249] vgl. dazu ebenfalls Leinemann/Weihrauch, a.a.O., S. 146
[250] vgl. BT-Drucksache 13/9340, S. 18

werden. Ebenso wie in den Fällen, in denen sich die Ausarbeitung und Abgabe eines Angebotes deshalb als nutzlos erweist, weil der Zuschlag anderweitig erteilt wird, muß es aus Gründen der Freiheit des Wettbewerbs hingenommen werden, daß die nämlichen Folgen wegen der erfolgreichen Durchführung eines Nachprüfungsverfahrens durch einen anderen Bieter eintreten.

Akzeptiert man diese Überlegung, so kann sinnvollerweise die Konzeption hingenommen werden, daß andere Anbieter, die selbst nicht einen darauf gerichteten Antrag stellen, an dem Nachprüfungsverfahren nicht beteiligt werden. Eine weitere Aufblähung des Verfahrens erscheint weder rechtlich geboten noch der Sache förderlich.

VI. Entscheidungen der Nachprüfungsbehörde

1. Offensichtlich unzulässige oder offensichtlich unbegründete Anträge

Über offensichtlich unzulässige oder offensichtliche unbegründete Anträge kann im Verfahren nach §§ 97 ff. GWB nach Lage der Akten und ohne mündliche Verhandlung entschieden werden; § 112 Abs. 1 S. 3 GWB. Diese Regelung verliert ihre Effektivität allerdings ganz entscheidend dadurch, daß, wie bereits dargestellt, der Antragsteller de lege lata nicht gezwungen ist, seinen Antrag mit der Einreichung sogleich zu begründen. Ohne eine solche Begründung wird die Vergabekammer allerdings kaum in der Lage sein, zu überblicken, ob sich der Antrag als offensichtlich unzulässig oder offensichtlich unbegründet erweist. Wenn sie dies allerdings nicht überblicken kann, so ist sie wegen der Aussetzungswirkung der Antragszustellung (§ 115 Abs. 1 GWB) im Zweifel gezwungen, den Antrag ohne das Vorliegen einer Begründung zunächst zuzustellen, so daß sich jedenfalls die Regelung des § 110 Abs. 2 S. 1 GWB als überflüssig erweist.

Anders liegen die Dinge mit der Regelung des § 112 Abs. 1 S. 3 GWB, woran im hier projektierten Verfahren vor den Rechnungshöfen angeknüpft werden soll. Erweist sich folglich ein Antrag als offensichtlich unzulässig (nach dem vorliegenden Modell etwa deshalb, weil die Antragsfrist versäumt wurde) oder als offensichtlich unbegründet (etwa deshalb, weil ein geltend gemachter Verfahrensverstoß nach gesicherter Rechtsprechung keine drittschützende Wirkung entfaltet), so soll hier die Nachprüfungsbehörde wegen der weitreichenden Bedeutung der Zurückweisungsentscheidung den Antragsteller unverzüglich nach dem Eingang des Antrages auf die Unzulässigkeit oder Unbegründetheit desselben hinweisen und einen Termin mitteilen, an dem eine Entscheidung im schriftlichen Verfahren ergehen soll. Der Antragsteller soll sodann Gelegenheit haben, entweder seinen Antrag aufgrund des Hinweises zurückzunehmen oder gegen den Standpunkt der Nachprüfungsbehörde zu erinnern. Diese kann in letzterem Fall an der beabsichtigten Verfahrensweise, im schriftlichen Verfahren zu entscheiden, festhalten, oder aber, wenn ihr Zweifel an der bisherigen Auffassung erwachsen sind, unverzüglich Termin zur mündlichen Erörterung der Sache bestimmen. Im Falle der Entscheidung im schriftlichen Verfahren kann die Nachprüfungsbehörde zu Begründung derselben auf den bereits ergangenen schriftlichen Hinweis an den Antragsteller Bezug nehmen, um den Begründungsaufwand in Grenzen zu halten. Andernfalls ergeht eine Entscheidung nach mündlicher Verhandlung.

2. Entscheidung bei (einfach) unbegündetem Nachprüfungsersuchen und Fortdauer der aufschiebenden Wirkung

Hält die Nachprüfungsbehörde den Antrag nach Durchführung einer mündlichen Erörterung und nach Ausschöpfung aller Versuche zur gütlichen Beilegung der Streitsache für in der Sache nicht begründet, so weist sie ihn zurück und entscheidet über die Kosten. Zugleich belehrt sie den Antragsteller über das gegen die Entscheidung eröffnete Rechtsmittel und die dafür maßgebliche Frist.[251]

Die aufschiebende Wirkung des Nachprüfungsauftrags soll dabei erhalten bleiben, und zwar nicht nur bis zum Ablauf der Rechtsmittelfrist, sondern auch im Falle und für die Dauer der Durchführung des Rechtsmittelverfahrens. Ein Zwischenverfah-

[251] dazu im einzelnen unten, Siebter Teil, S. 99 ff.

ren über die Voraberteilung des Zuschlags ist hier und auch für das Rechtsmittelverfahren überflüssig. Offensichtlich unzulässige oder unbegründete Anträge werden bereits, wie soeben dargestellt, vorab ausgeschieden. In den verbleibenden Fällen nicht erfolgreicher Nachprüfungsersuchen steht der Fortdauer der aufschiebenden Wirkung eines gegen die negative Entscheidung der Nachprüfungsbehörde gerichteten Rechtsmittels dann nichts im Wege, wenn der Antragsteller, wie dies in § 125 GWB vorgesehen ist, für eventuelle Schäden aufgrund von Anfang an ungerechtfertigter Inanspruchnahme des Nachprüfungsverfahrens in die Haftung genommen wird, und zwar nicht nur gegenüber dem öffentlichen Auftraggeber für eine mögliche Auftragsverteuerung, sondern auch gegenüber etwaigen Verzögerungsschäden eines Dritten. Diese der Regelung des § 945 ZPO nachgebildete Schadensersatzpflicht[252] besteht insbesondere verschuldensunabhängig, so daß sich der Antragsteller bei leichtfertiger Inanspruchnahme des Nachprüfungsrechtsweges erheblichen, wenn nicht gar existentiellen wirtschaftlichen Gefährdungen aussetzt.

Die Regelung des § 125 GWB entfaltet bereits heute in der vergaberechtlichen Beratungspraxis eine ganz erhebliche prohibitive Wirkung. Der dahin ordnungsgemäß belehrte Bieter, der die Einleitung eines Nachprüfungsverfahrens nach §§ 107 ff. GWB in Erwägung zieht, stellt vor dem Hintergrund einer auch nur theoretischen Inanspruchnahme auf Schadensersatz auf der Grundlage des § 125 GWB vergaberechtliche Bedenken, so sie nicht ganz gravierender Natur sind, im Zweifel zurück. Es ist deshalb schlechthin nicht erforderlich, die zügige Abwicklung des Nachprüfungsverfahrens mit sehr arbeitsaufwendigen Vorab- und Zwischenentscheidungsverfahren über den Zuschlag zu belasten. Nicht zuletzt die obligatorische mündliche Erörterung der Streitsache wird hier dem Antragsteller zeitnah eröffnen, ob und ggf. in welchem Umfang sein Nachprüfungsverfahren Erfolgsaussichten hat. Er kann dann noch entscheiden, ob er sein Begehren aufrecht erhält, wobei er von einer Schadensersatzhaftung dann freigestellt werden sollte, wenn er spätestens im Termin zur mündlichen Erörterung seinen Nachprüfungsantrag zurücknimmt oder es zu einer gütlichen Beilegung der Streitsache kommt.

[252] vgl. dazu Bechtold, a.a.O., § 125 RN 4

So erweisen sich auch an dieser Stelle die in §§ 107 ff. GWB vorgesehenen Zwischenverfahren betreffend die Voraberteilung des Zuschlags im Hinblick auf die Effektivität des Rechtsschutzes des Bieters als halbherzig; sie sind nur vor dem historischen Hintergrund zu verstehen, daß dem Bieter im Verfahren der öffentlichen Auftragsvergabe bislang keine subjektiven (Verfahrens-) Rechte zustanden und nunmehr recht widerwillig eingeräumt wurden.[253] Befreit man sich von diesem etwas überzeichneten Angstdenken und dem damit verbundenen Szenario der Lahmlegung weiter öffentlicher Auftragsbereiche infolge ungezählter Nachprüfungsverfahren, so ist der Schritt zur Akzeptanz der hier vorgeschlagenen Regelung gewiß ein sehr kleiner.

3. Entscheidung bei begründetem Nachprüfungsersuchen

Erweist sich hingegen der Nachprüfungsantrag als ganz oder teilweise begründet, so ist es hier - entsprechend der Regelung in § 114 Abs. 1 Satz 1 GWB - der Nachprüfungsbehörde zu ermöglichen, unabhängig von konkreten Sachanträgen des Antragstellers die geeigneten Maßnahmen anzuordnen, um eine erkannte Rechtsverletzung des Antragstellers zu beseitigen. Insbesondere muß die Nachprüfungsbehörde die Möglichkeit haben, den Auftraggeber zu verpflichten, das mit Rechtsfehlern behaftete Vergabeverfahren aufzuheben und unter Beachtung der Rechtsauffassung der Nachprüfungsbehörde neu durchzuführen.[254] Denkbar ist auch, daß der Auftraggeber zwar nicht verpflichtet wird, im Sinne einer ultima ratio die angefochtene Ausschreibung aufzuheben, sondern nur dazu, unter Beachtung der Rechtsauffassung der Nachprüfungsbehörde dasselbe ordnungsgemäß zu Ende zu führen.[255]

[253] vgl. dazu Marx in: Jestaedt/Kemper/Marx/Prieß, a.a.O., S. 143 f.
[254] vgl. Bechtold, a.a.O., § 114 RN 2
[255] vgl. Gröning, Grundlagen, a.a.O., S. 58

VII. Auswirkungen der stattgebenden Entscheidung für andere Bieter und Schadensersatzfolgen

1. Schadensersatzanspruch bei grundloser Aufhebung einer Ausschreibung

Wie bereits dargestellt, hindert die wegen der hier vorgesehenen Antragsbefristung notwendigerweise sehr frühzeitige Einleitung und Durchführung eines Nachprüfungsverfahrens andere Bieter nicht daran, gleichwohl Angebote auszuarbeiten und abzugeben. Das führt zu der Frage, ob diese dann bei dem öffentlichen Auftraggeber Schadensersatzansprüche geltend machen können, wenn das Ausschreibungsverfahren auf den Nachprüfungsantrag eines Dritten hin später wieder aufgehoben wird.

Spätestens seit der Entscheidung des Bundesgerichtshofs vom 8. September 1998[256] steht jedoch fest, daß dem öffentlichen Auftraggeber ein solches Schadenersatzrisiko dann nicht droht, wenn die Ausschreibung wegen eines der in § 26 Nr. 1 VOB/A (beziehungsweise § 26 Nr. 1 VOL/A) genannten Gründe aufgehoben wird. Demnach begründet die Anforderung der Ausschreibungsunterlagen durch den Bieter ein auf die mögliche Auftragserteilung gerichtetes, vorvertragliches Vertrauensverhältnis zwischen diesem und dem öffentlichen Auftraggeber, aus dem letzterer nach den Grundsätzen einer Haftung für Verschulden bei Vertragsverhandlungen (culpa in contrahendo) dem interessierten Bieter auf Schadensersatz, regelmäßig gerichtet auf das negative Interesse, in besonderen Fällen aber auch gerichtet auf das positive Interesse, haften.[257] Ein solcher Anspruch kann insbesondere dann entstehen, wenn der öffentliche Auftraggeber eine Ausschreibung aufhebt, ohne daß einer der Aufhebungsgründe nach der jeweiligen Verdingungsordnung gegeben ist.[258]

[256] BGH, Urteil vom 08. September 1998 –X ZR 48/97-, NJW 1998, 3636
[257] vgl. BGH, a.a.O., FN 256
[258] vgl. BGH, a.a.O., FN 256

Nach § 26 Nr. 1 c VOB/A beziehungsweise § 26 Nr. 1 d VOL/A kann indessen eine Ausschreibung in schadensersatzrechtlicher Hinsicht unter anderem dann folgenlos aufgehoben werden, wenn „andere schwerwiegende Gründe" bestehen, die nicht von den zuvor ausdrücklich aufgeführten Fallbeispielen erfaßt werden. Grundlegende Voraussetzung für die Anerkennung eines solchen Aufhebungsgrundes ist indessen, daß die dafür maßgebliche Umstände nach dem Beginn des Ausschreibungsverfahrens entweder erst eintreten oder jedenfalls dem Auftraggeber erstmalig bekannt werden.[259]

2. Auswirkungen für die stattgebende Nachprüfungsentscheidung

Das Erfordernis der Aufhebung eines bereits begonnenen Ausschreibungsverfahrens infolge eines erfolgreichen Nachprüfungsantrages stellt einen solchen schwerwiegenden Grund dar, der nach den vorerläuterten Regelungen der Verdingungsordnungen zur Aufhebung berechtigt, ohne daß Schadenersatzansprüche davon betroffener Bieter zu besorgen sind. Zum einen handelt es sich dabei um einen solchen Umstand, der nach dem Beginn des Ausschreibungsverfahrens eintritt. Zum anderen liegt dieser Umstand - mit Ausnahme der zur Aufhebungsentscheidung führenden Rechtsverletzung - nicht im Einflußbereich des Auftraggebers begründet. Alleine die mittelbare Verursachung der Ausschreibungsaufhebung genügt indessen nicht, um den öffentlichen Auftraggeber auf der Grundlage der culpa in contrahendo gegenüber den nutzlos Anbietenden schadensersatzpflichtig zu machen.

Um sich an diesem Punkt möglicherweise entzündende Auseinandersetzungen sogleich im Kern zu ersticken, dürfte es sich indessen perspektivisch empfehlen, im Gesetz, jedenfalls aber in § 26 Nr. 1 VOL/A bzw. VOB/A, eine entsprechende Klarstellung, bezogen auf die Nachprüfungsverfahren, aufzunehmen.

[259] vgl. BGH, a.a.O., FN 256; detailliert dazu Ingenstau/Korbion, a.a.O., VOB/A § 26 RN 9

VIII. Kostenregelungen und Kostentragungspflichten

1. Kosten der Nachprüfungsbehörde

Was die Kosten des Verfahrens vor der Nachprüfungsbehörde anbelangt, so kann durchaus eine Regelung gefunden werden, die derjenigen des § 128 Abs. 1 GWB für das Verfahren vor der Vergabekammer nachempfunden ist. Geht man davon aus, daß die zu erhebenden Kosten den auf Seiten der Nachprüfungsbehörde entstehenden Aufwand decken sollen, so erscheint allerdings der Gebührenrahmen des § 128 Abs. 2 GWB als überzogen. Zudem ist es mit dem aus dem Rechtsstaatsprinzip folgenden Justizgewährleistungsanspruch nicht vereinbar, wenn der Rechtssuchende durch Vorschriften über die Gerichts- und Anwaltsgebühren oder deren Handhabung mit einem Kostenrisiko belastet wird, das außer Verhältnis zu seinem Interesse am Verfahren steht und die Inanspruchnahme des Rechtsschutzes bei vernünftiger Abwägung als wirtschaftlich nicht mehr sinnvoll erscheinen läßt.[260] Zutreffender und weniger prohibitiv dürfte es deshalb sein, die Höhe der anfallenden Gebühren nach dem jeweiligen Wert der Sache und in Anlehnung an 80 Abs. 2 GWB (betreffend die Kosten des kartellrechtlichen Verwaltungsverfahrens) nach den jeweils zugrundeliegenden Auftragswerten zu staffeln. Dabei sollen auch Reduzierungstatbestände für den Fall der Antragsrücknahme oder der gütlichen Beilegung der Streitsache vorgesehen werden.

2. Kostenerstattungsanspruch und Kostentragungspflicht des Antragstellers gegenüber den Beteiligten

Für den Kostenerstattungsanspruch des Antragstellers im Falle des Obsiegens kann entsprechend § 128 Abs. 4 Satz 1GWB verfahren werden. Sofern und soweit der Antragsteller also unterliegt, trägt er die zur zweckentsprechenden Rechtsverfolgung notwendigen Auslagen des Antragsgegners. Dabei sollte davon abgesehen werden, einen Kostenerstattungsanspruch auch für die zum Verfahren Hinzu-

[260] so BVerfG, Beschluß vom 12.02.1992 – 1 BvL 1/89 - , BVerfGE 85, 337, 345, 347

gezogenen zu begründen. Es muß vermieden werden, den potentiell in seinen Rechten verletzten Antragsteller von der Inanspruchnahme des Rechtsschutzes alleine dadurch abzuschrecken, daß im Falle des Unterliegens nicht nur die notwendigen Auslagen des öffentlichen Auftraggebers zu erstatten sind, sondern möglicherweise auch diejenigen der Hinzugezogenen.

IX. Organisation der behördlichen Nachprüfungsinstanzen und Besetzung

Für die Durchführung des Nachprüfungsverfahrens sind innerhalb der Organisation der Rechnungshöfe des Bundes und der Länder gesonderte Beschlußabteilungen einzurichten, die sachlich und personell von den übrigen Funktionsabteilungen unabhängig sind. Das ist insbesondere deshalb von Wichtigkeit, damit die dargestellte, verfassungsrechtlich abgesicherte Unvoreingenommenheit der Rechnungsprüfung gewährleistet bleibt.[261]

Im Hinblick auf die personelle Besetzung der Nachprüfungseinheiten ist ein Standard zu gewährleisten, der demjenigen des § 105 GWB betreffend die Besetzung der Vergabekammern mindestens entspricht. Insbesondere sollen die Mitglieder der Nachprüfungseinheiten sogenannte Mitglieder der Rechnungshöfe sein, die sodann kraft Verfassung richterliche Unabhängigkeit genießen.[262] Auch dies vermeidet einen Bruch zu den verfassungsrechtlichen Gewährleistungen betreffend die Einrichtung und die Aufgabenerfüllung der Rechnungshöfe. Aufgrund der ohnehin vorhandenen Sachnähe der Rechnungshöfe zum Recht der öffentlichen Beschaffungen ist das hier erforderliche, fachkundige Personal dort bereits vorhanden. Das überaus breite Spektrum der Befassung der Rechnungshöfe mit der gesamten öffentlichen Beschaffung, wie es etwa in den jährlichen Bemerkungen des Bundesrechnungshofes offenbar wird[263], kann im Rahmen der Organisation der Nachprüfungsinstanzen sehr sinnvoll eingesetzt und verwendet werden.[264]

[261] vgl. dazu oben S. 61 ff.
[262] vgl. dazu oben S. 61
[263] vgl. die Beispiele in den Bemerkungen des BRH nach FN 199
[264] vgl. zur derzeitigen Organisation etwa des BRH die durch diesen herausgegebene Übersicht zu Aufgaben, Prüfverfahren und Organisation der Behörde, beim BRH zu erhalten auf Nachfrage

Siebter Teil: Die gerichtliche Kontrolle der Nachprüfungsentscheidungen der Rechnungshöfe

A. Erfordernis einer gerichtlichen Kontrollinstanz

I. Europa- und verfassungsrechtliche Vorgaben für den gerichtlichen Rechtsschutz

1. Begründung subjektiver Vergaberechte

Im Rahmen der haushaltsrechtlichen Lösung hatte sich der nationale Gesetzgeber zum Ziel gesetzt, "individuelle, einklagbare Rechtsansprüche der Bieter nicht entstehen zu lassen".[265] Wie dargestellt, ist der Gesetzgeber mit diesem Anliegen zumindest an den europarechtlichen Vorgaben der Marktöffnungsrichtlinien[266] gescheitert, die das Gegenteil fordern.[267] Insbesondere hat der EuGH mehrfach und so auch in seinem Urteil zum deutschen Vergaberecht[268] entschieden, daß die Vergaberichtlinien das Ziel verfolgen, den Bieter vor der Willkür des öffentlichen Auftraggebers zu schützen mit der Konsequenz, daß dieser eine behauptete Verletzung von Vergabevorschriften vor den nationalen Gerichten einklagen können muß. Schon in der frühen Diskussion der aus den Marktöffnungsrichtlinien zu ziehenden Konsequenzen für das nationale Umsetzungsrecht wurde darauf hingewiesen, daß das nationale Vergaberecht zwar auch weiterhin seine haushaltsrechtliche Bezugsfunktion erfüllen könne, wenn auch mit dem zusätzlichen Auftrag des Schutzes der Wettbewerber um einen öffentlichen Auftrag.[269] Daß letzteres nach nationaler Rechtsdogmatik zwangsläufig zur Begründung subjektiver Rechte im Vergabeverfahren führen muß, wurde ebenfalls frühzeitig herausgearbeitet.[270]

[265] BT-Drucksache 12/4636, S. 12
[266] vgl. oben FN 10
[267] vgl. im einzelnen Dreher, Rechtsschutz bei Vergabeverstößen, a.a.O., S. 1876 m.w.N.; Pietzcker, Die neue Gestalt, a.a.O., S. 438, 439; a. A. wohl Schumacher, a.a.O., S. 67 ff.
[268] Urteil vom 11.08.1995 – Rs. C-433/93 -, Slg. 1995 I, 2311 ff. (Tz. 19, 20)
[269] so schon Pietzcker, Änderungen des Rechtsschutzes, a.a.O., S. 503 f.
[270] vgl. ebenfalls Pietzcker, Änderungen des Rechtsschutzes, a.a.O., S. 510

2. Verfassungsrechtliche Auswirkungen der Zuerkennung subjektiver Vergaberechte

Die Zuerkennung subjektiver Vergaberechte führt weiter kraft Verfassungsrecht – Art. 19 Abs. 4 GG - dazu, daß es mit bloßem verwaltungsbehördlichem Rechtsschutz nicht sein Bewenden haben kann, sondern daß gerichtlicher Rechtsschutz zur Durchsetzung dieser Rechte zur Verfügung stehen muß. Art. 19 Abs. 4 GG enthält namentlich eine allgemeine Justizgewährungspflicht durch den Staat des Inhalts, daß der Schutz des Rechts und die Durchsetzung individueller Rechte den Richtern anvertraut ist, diesen einen umfassenden Prüfungsauftrag gibt und eine gesetzliche Anordnung letztverbindlicher Streitentscheidungen durch nicht-richterliche Stellen verbietet.[271] Zutreffend weist daher der Gesetzgeber in den Gesetzesmaterialien zu §§ 97 ff. GWB darauf hin, daß die Begründung subjektiver Rechte im Vergabeverfahren im Hinblick auf Art. 19 Abs. 4 GG notwendigerweise einen gerichtlichen Rechtsschutz nach sich ziehen müsse.[272]

Daß vor diesem verfassungsrechtlichen Hintergrund die Eröffnung des Rechtsweges vor ein staatliches Gericht unumgänglich ist, um den Schutz subjektiver Rechte zu gewährleisten, wird deshalb auch nicht mehr ernsthaft in Abrede gestellt.[273] Erkennt man im weiteren an, daß subjektive Rechte nicht quantitativ bestimmbar sind, vergabeverfahrensrechtliche Gewährleistungen also dogmatisch nicht von dem Erreichen bezifferter Auftragsschwellenwerte abhängig gemacht werden können, so folgt daraus zwangsläufig weiter, daß auch im Auftragsbereich unterhalb der EU-Auftragsschwellenwerte ein gerichtlicher Rechtsschutz vorgesehen werden muß, welcher den verfassungsrechtlichen Anforderungen insbesondere des Art. 19 Abs. 4 GG genügt.[274]

[271] vgl. BVerfG, Beschluß vom 12.02.1992 – 1 BvL 1/89 - , BVerfGE 85, 337, 345; Schmitt-Aßmann in Maunz/Dürig/Herzog/Scholz, a.a.O., Art. 19 Abs. 4 RN 17; hierin liegt übrigens die bereits angesprochene Problematik der Bindungswirkung einer Entscheidung der Vergabekammer für die Schadensersatzgerichte begründet, wie sie § 125 Abs. 1 GWB vorsieht, vgl. oben FN 225

[272] BT-Drucksache 13/9340, S. 12

[273] vgl. zur gegenteiligen Tendenz noch Gröning, Rechtsschutzqualität und Verfahrensbeschleunigung, a.a.O., S. 370; vgl. zu den mannigfaltigen verfassungsrechtlichen Bedenken an der haushaltsrechtlichen Lösung außerdem Dreher, Rechtsschutz bei Vergabeverstößen, a.a.O., S. 1877 ff.

[274] vgl. auch Dreher, Neugestaltung, a.a.O., S. 344; Faber, a.a.O., S. 413; Pietzcker, Änderungen des Rechtsschutzes, a.a.O., S. 510

3. Zuständigkeitsbegründung für die Landgerichte als gerichtliche Kontrollinstanzen in der Hauptsache

In Abweichung von dem in §§ 116 ff. GWB gewählten Weg der Befassung der Oberlandesgerichte, mit dem an die überkommene Zuständigkeitsregelung in § 63 Abs. 4 GWB für das kartellrechtliche Beschwerdeverfahren angeknüpft wurde, wird für das hier vorgestellte Modell eine Befassung der Landgerichte, dort explizit der Kammern für Handelssachen, vorgeschlagen, dies zudem in der Ausgestaltung eines vollwertigen Hauptsacheverfahrens. Das begegnet zum einen der Gefahr einer Rechtsschutzverkürzung dahingehend, daß sich der gerichtliche Rechtsschutz in der Durchführung des Eilverfahrens erschöpft (so allerdings heute §§ 118 Abs. 1 S. 3 und Abs. 2 GWB bzw. § 121 GWB) und eröffnet zum anderen die Möglichkeit einer ausgesprochen sachkundigen Besetzung der gerichtlichen Entscheidungsinstanz (vgl. §§ 105, 109 GVG).

B. Grundzüge der Ausformung des gerichtlichen Rechtsschutzes im Vergabebereich unterhalb der EU-Auftragsschwellenwerte

I. Das gerichtliche Hauptsacheverfahren

1. Antrag auf gerichtliche Entscheidung zum Landgericht

a. Bezeichnung des Rechtsmittels

Gegen die Entscheidungen (Beschlüsse) der Rechnungshöfe des Bundes und der Länder ist die Anrufung des Landgerichts durch Antrag auf gerichtliche Entscheidung zu eröffnen. Das gerichtliche Rechtsmittel soll bewußt als Antrag auf gerichtliche Entscheidung bezeichnet werden, um zu verdeutlichen, daß eine umfassende gerichtliche Nachprüfung der zuvor getroffenen Verwaltungsentscheidung auf der Grundlage einer besonderen (anderweitigen) Rechtswegzuweisung nach § 40 Abs. 1 Satz 2 VwGO erfolgt. Das Verfahren wird als vollwertiges Hauptsacheverfahren ausgestaltet, in dem durch Urteil entschieden wird.

b. Funktionelle Zuständigkeit der Kammer für Handelssachen bei einem zentralen Landgericht

aa. Regelungsinhalt der §§ 87, 89 GWB

§ 87 GWB begründet bereits in der bestehenden Fassung die ausschließliche Zuständigkeit der Landgerichte, dort der Kammern für Handelssachen (§ 87 Abs. 2 GWB), für bürgerliche Rechtsstreitigkeiten, die sich aus diesem Gesetz oder aus Kartellvereinbarungen und aus Kartellbeschlüssen ergeben. Zur Sicherung einer einheitlichen Rechtsprechung in Kartellsachen werden die Landesregierungen in § 89 Abs. 1 GWB ermächtigt, solche bürgerlichen Rechtsstreitigkeiten, für die nach § 87 GWB ausschließlich die Landgerichte zuständig sind, einem Landgericht für die Bezirke mehrerer Landgerichte zentral zuzuweisen. Es bietet sich deshalb an, sich diese bereits bestehenden Regelungen für die gerichtliche Überprüfung der Nachprüfungsentscheidungen der Rechnungshöfe zunutze zu machen, dies einschließlich der gesetzlichen Vermutung für Handelssachen nach § 87 Abs. 2 GWB.

bb. Änderung des § 87 Abs. 1 GWB de lege ferenda

Soweit man die gesetzlichen Regelungen über das Nachprüfungsverfahren vor den Rechnungshöfen de lege ferenda ebenfalls dem GWB zuordnet[275], so bedürfte es gleichwohl zur Begründung der Zuständigkeit der Landgerichte für Anträge auf gerichtliche Entscheidung gegen Nachprüfungsbeschlüsse der Rechnungshöfe einer darauf gerichteten Änderung des § 87 Abs. 1 GWB, weil es sich bei diesen Verfahren nicht um bürgerliche Rechtsstreitigkeiten im Sinne der bestehenden Gesetzesfassung handelt. Der Begriff der bürgerlichen Rechtsstreitigkeiten "aus diesem Gesetz" erfaßt anerkanntermaßen nur zivilrechtliche Auseinandersetzungen, nicht aber solche auf öffentlich-rechtlicher Grundlage. § 87 Abs. 1 Satz 1 GWB meint daher nur Rechtsstreitigkeiten zwischen Unternehmen, deren An-

[275] vgl. dazu oben S. 69 f.

spruchsgrundlagen kartellrechtlicher Natur sind.[276] Die Nachprüfungsentscheidung ergeht anerkanntermaßen - und für den Anwendungsbereich der §§ 98 ff. GWB ausdrücklich in § 114 Abs. 3 Satz 1 GWB niedergelegt - durch Verwaltungsakt i.S.v. § 35 VwVfG. Die Annahme einer bürgerlich-rechtlichen Streitigkeit im Sinne der §§ 87 Abs. 1, 13 GVG scheidet daher unter diesem Gesichtspunkt aus.

cc. Regelungsinhalte der §§ 87 Abs. 2 GWB, 93 – 114 GVG

Ist § 87 Abs. 1 GWB mithin um die beschriebene Zuständigkeitserweiterung ergänzt, so gelten kraft ausdrücklicher Bestimmung des § 87 Abs. 2 GWB auch die Vergabestreitigkeiten als Handelssachen im Sinne der §§ 93 - 114 GVG. Das hat für die hier zu wünschende besondere Sach- und Fachkunde auch der gerichtlichen Überprüfungsinstanz den Vorteil, daß die Besetzungsregelungen der §§ 105, 109 GVG gelten. Nach § 105 Abs. 1 GVG entscheiden die Kammern für Handelssachen in der Besetzung mit einem Mitglied des Landgerichts als Vorsitzenden und zwei ehrenamtlichen Richtern, soweit nicht nach den Vorschriften der Prozeßgesetze anstelle der Kammer der Vorsitzende zu entscheiden hat. Nach § 105 Abs. 2 GVG haben sämtliche Mitglieder der Kammer für Handelssachen gleiches Stimmrecht. § 108 GVG sieht vor, daß die ehrenamtlichen Richter der Kammern für Handelssachen auf Vorschlag der Industrie- und Handelskammern für die Dauer von vier Jahren ernannt werden. In Ergänzung dessen regelt § 109 Abs. 1 Nr. 3 GVG konkret, daß zum ehrenamtlichen Richter ernannt werden kann, wer als Kaufmann, Vorstandsmitglied oder Geschäftsführer einer juristischen Person oder als Prokurist in das Handelsregister oder das Genossenschaftsregister eingetragen ist oder eingetragen war oder als Vorstandsmitglied einer juristischen Person des öffentlichen Rechts aufgrund einer gesetzlichen Sonderregelung für diese juristische Person nicht eingetragen zu werden brauchte. § 109 Abs. 2 GVG verlangt weiter eine gewisse örtliche Nähe der beruflichen Tätigkeit des ehrenamtlichen Richters im Verhältnis zum Bezirk der Kammer für Handelssachen, der er angehören soll.

[276] vgl. dazu Bechtold, a.a.O., § 87 RN 2

Mit diesem Regelungsgeflecht soll sichergestellt werden, daß den Kammern für Handelssachen im Rahmen der diesen zugewiesenen besonderen Zuständigkeiten nach § 95 GVG oder auf entsprechend spezialgesetzlicher Grundlage, wie sie sich konkret in § 87 Abs. 2 GWB findet, der erforderliche besondere Sachverstand zur Verfügung steht. Die Schaffung und Beibehaltung einer gesetzlich ausdrücklich geregelten Geschäftsverteilung für Handelssachen gründete und gründet sich in dem Erfordernis, eine in Handelsbräuchen und im Gewohnheitsrecht des Handels besonders sachkundige gerichtliche Instanz zu schaffen, die mit „Berufsgenossen" der Streitparteien besetzt ist, gegenüber denen der Rechtssuchende nicht mit Sonderwissen aus dem Handel aufwarten kann.[277]

c. Anpassung an die Erfordernisse der gerichtlichen Entscheidung in Vergabesachen

§ 105 Abs. 2 GWB verlangt nun für die Besetzung der Vergabekammern, daß die Beisitzer über gründliche Kenntnisse des Vergabewesens, die ehrenamtlichen Beisitzer auch über mehrjährige praktische Erfahrung und auf dem Gebiet des Vergabewesens verfügen. Für die Besetzung der Vergabesenate bei den Oberlandesgerichten trifft das Gesetz hingegen keine Anordnungen, um dort den unverzichtbaren Sachverstand der mit Vergabesachen befaßten Richtern in einem Mindestmaß zu sichern (vgl. § 116 Abs. 3 Satz 2 GWB).[278] Daß dies zu fehlender Akzeptanz der Betroffenen gegenüber den Entscheidungen der Oberlandesgerichte führen kann, wurde daher nicht ganz zu Unrecht schon frühzeitig befürchtet.[279]

Es erscheint daher sinnvoll, in den Regelungen in §§ 108, 109 Abs. 1 Nr. 3 GVG künftig entsprechende Vorkehrungen in Bezug auf besondere Kenntnisse im Vergabewesen für diejenigen ehrenamtlichen Richter vorzusehen, die bei den Kam-

[277] vgl. dazu Kissel, a.a.O., § 93 RN 1
[278] Das führt z.B. dazu, daß der Vergabesenat bei dem OLG Koblenz nach dem Geschäftsverteilungsplan des Gerichts für das Jahr 2000 vom 16.12.1999 (G 5200-23/99) mit den richterlichen Mitgliedern des 2. Strafsenates besetzt ist, nicht hingegen mit den richterlichen Mitgliedern des für Wettbewerbs-/Kartellsachen zuständigen 6. Zivilsenats
[279] vgl. dazu Drey, a.a.O., S. 13

mern für Handelssachen mit der gerichtlichen Entscheidung in Vergabenachprüfungssachen befaßt werden sollen. Wie derart fachkompetente ehrenamtliche Richter zu rekrutieren sind, sollte auch hier den Industrie- und Handelskammern überlassen werden (vgl. § 108 GVG).

Mithin bedürfte es nur der geringfügigen Anpassung bestehender Vorschriften, um bereits eingerichtete Spruchkörper mit besonderer Sachnähe bei gleichzeitig konzentrierter Zuständigkeit mit dem verfassungsrechtlich gebotenen gerichtlichen Rechtsschutz gegen Nachprüfungsentscheidungen der Rechnungshöfe zu betrauen.

2. Form und Frist des Antrags auf gerichtliche Entscheidung

a. Antragsfrist

In Anlehnung an § 117 Abs. 1 GWB und an die vorgeschlagene Frist für den außergerichtlichen Nachprüfungsantrag[280] soll der Antrag auf gerichtliche Entscheidung gegen den Nachprüfungsbeschluß des Rechnungshofes schriftlich innerhalb einer Notfrist von zwei Wochen erhoben werden können. Die Antragsfrist beginnt - wie üblich - mit der Zustellung der Entscheidung, wobei sich die Regelung für einen Antrag auf gerichtliche Entscheidung gegen einen fiktiven Nachprüfungsbeschluß des Rechnungshofes, wie dies § 116 Abs. 2 GWB in Bezug auf die sofortige Beschwerde gegen eine fingierte Entscheidung der Vergabekammer vorsieht, als überflüssig erweist. Auch diese Regelung birgt eher die Gefahr einer [280]Verzögerung in sich, als daß sie geeignet wäre, das Nachprüfungsverfahren im Sinne einer effektiven Rechtsschutzgewährleistung zu beschleunigen. Erweist sich nämlich im Einzelfall ein konkretes Nachprüfungsverfahren vor der Nachprüfungsbehörde als ausnehmend kompliziert und schwierig, so kann eine Regelung dahingehend, daß nach dem Ablauf einer gesetzlich vorgesehenen Entscheidungs-

[280] vgl. dazu oben S. 75 und S. 77 ff.

frist der Nachprüfungsantrag als abgelehnt gilt, die Nachprüfungsbehörde gerade dazu verleiten, sich im Einzelfall dieser Fiktion zu bedienen, um so einer Sachentscheidung aus dem Wege zu gehen. Das führt nicht nur dazu, daß in einem solchen Fall die gesetzlich vorgesehene Entscheidungsfrist vollumfänglich verstreichen wird, sondern auch dazu, daß der rechtsschutzsuchende Bieter in ein Rechtsmittelverfahren getrieben wird, in dem er außerdem gezwungen ist, eine Rechtsmittelbegründung gegen eine nicht ergangene „erstinstanzliche" Entscheidung vorzulegen; vgl. § 117 Abs. 2 GWB einerseits und § 116 Abs. 2 GWB andererseits.

Da nach der gegenwärtigen Konstruktion in § 118 Abs. 1 S. 2 GWB außerdem die aufschiebende Wirkung des Rechtsmittels auch gegenüber der (fiktiven) Entscheidung der Vergabekammer auf zwei Wochen befristet ist, stellt die Entscheidungsfiktion des § 116 Abs. 2 GWB insgesamt eine sehr große Belastung für den Rechtsschutz des Bieters und eine spiegelbildliche, außerordentliche Bevorteilung des öffentlichen Auftraggebers dar, die schwerlich mit dem aus Art. 3 GG resultierenden Prinzip der Waffengleichheit im gerichtlichen (oder quasi-gerichtlichen) Verfahren zu vereinbaren ist.

b. Antragstellung bei der Nachprüfungsbehörde

Vorzusehen ist ferner, daß der Antrag auf gerichtliche Entscheidung schriftlich bei der Nachprüfungsbehörde zu stellen ist. Diese ist verpflichtet, den Antrag sofort unter Beifügung der einschlägigen Verwaltungs- und Vergabeakten dem Landgericht zuzuleiten. Auch das gerichtliche Nachprüfungsverfahren soll den Anforderungen an eine beschleunigte Abwicklung gerecht werden, wie sie dem Vergabeverfahren und mehr noch dem Vergabenachprüfungsverfahren immanent sind. Dem Beschleunigungsgrundsatz, der gewiß auch den Rechtsschutz effektuiert, wird allerdings eine befristete Rechtsmittelbeantragung bei der Nachprüfungsbehörde weitaus besser gerecht als die Antragstellung bei Gericht, denn letztere führt zu einem mehrtägigem Zeitverlust ganz einfach dadurch, daß nach dem Antragseingang zunächst und möglicherweise über größere räumliche Distanzen die

Verwaltungs- und Vergabeakten beigeschafft werden müssen. Deshalb kann eine beträchtliche Verfahrensbeschleunigung schon dadurch erreicht werden, daß der Antrag und sämtliche Verwaltungsvorgänge mit allen Akten durch die Nachprüfungsbehörde sogleich dem Landgericht zugeleitet werden.

§ 66 Abs. 1 Satz 1 GWB sieht diesen Weg für die kartellrechtliche Beschwerde ausdrücklich vor[281], während § 117 Abs. 1 GWB die Einlegung der Beschwerde bei dem Beschwerdegericht verlangt. Die Verfahrensweisen beim Antrag auf Zulassung der Berufung nach § 124 a S. 2 VwGO, beim Antrag auf Zulassung der Beschwerde nach § 146 Abs. 5 VwGO, bei der Beschwerde gegen die Nichtzulassung der Revision nach § 133 Abs. 2 und Abs. 3 VwGO, beim Antrag auf gerichtliche Entscheidung in Baulandsachen nach § 217 Abs. 2 Satz 1 BauGB und auch bei der kartellrechtlichen Nichtzulassungsbeschwerde nach § 76 Abs. 3 S. 1 GWB deuten allerdings darauf hin, daß es verfahrensökonomischer ist, wenn das gerichtliche Rechtsmittel bei der Ausgangsinstanz eingelegt wird.

c. Erfordernis der sofortigen Antragsbegründung

Wie schon für den Nachprüfungsantrag[282], so ist aus den nämlichen Erwägungen auch für den Antrag auf gerichtliche Entscheidung zu verlangen, daß dieser sogleich mit seiner Einreichung bei der Nachprüfungsbehörde zu begründen ist, und zwar ebenfalls abschließend. Hier kann auf die Vorgaben des § 117 Abs. 2 GWB für die Beschwerdebegründung zurückgegriffen werden.

Auch vorliegend ist durch geeignete Regelungen zu verhindern, daß der Rechtsmittelführer sein Rechtsmittelvorbringen später mit neuem Tatsachenvortrag ergänzend begründet. Das Landgericht muß vielmehr mit der Vorlage des Antrags auf gerichtliche Entscheidung abschließend ersehen können, inwieweit die Entscheidung der Nachprüfungsbehörde angefochten und eine abweichende Ent-

[281] vgl. dazu Bechtold, a.a.O., § 66 RN 1
[282] vgl. oben S. 75 f.

scheidung beantragt wird, denn alleine auf der Grundlage dieser Eingrenzung des Streitstoffes wird das Rechtsmittelverfahren durchzuführen sein.

3. Fortdauer der aufschiebenden Wirkung des Antrags auf gerichtliche Entscheidung

Wie bereits dargestellt, soll bei dem hier erarbeiteten Nachprüfungsverfahren sowohl der Antrag vor dem Rechnungshof als auch das Rechtsmittel gegen die Entscheidung des Rechnungshofes bis zur Entscheidung in der Hauptsache aufschiebende Wirkung entfalten[283]; vor einer unüberlegten Ausnutzung des Suspensiveffektes schützt insoweit der verfahrensrechtliche Vorfilter für offensichtlich unzulässige oder offensichtlich unbegründete Anträge einerseits und die verschuldensunabhängige Schadensersatzhaftung des Antragstellers andererseits.[284]

Der somit unbefristete Suspensiveffekt wird die Nachprüfungsbehörde dazu anhalten, anhängige Verfahren nicht ohne sachliche Gründe unbearbeitet zu lassen. In der Fiktion des § 116 Abs. 2 GWB, auf die hier bewußt verzichtet werden soll, liegt demzufolge ein nicht geringes Maß an Mißtrauen gegenüber den Vergabekammern begründet, denen der Gesetzgeber immerhin zutraut, in Fällen komplexer fachlicher und/oder rechtlicher Herausforderungen möglicherweise gänzlich untätig zu bleiben. Das Verfahrensrecht enthält jedoch ausreichende Regularien, um eine mißbräuchliche Inanspruchnahme des Rechtsschutzes zu verhindern.

Diese Überlegungen gelten auch - wenn nicht gar insbesondere - für das gerichtliche Verfahren, welches der Überprüfung der Entscheidung der Nachprüfungsbehörde zu dienen bestimmt ist. Zu Recht wurde bereits für das Verfahren nach §§ 107 ff. GWB problematisiert, daß sich dieses im praktischen Kern auf die Überprüfung des Rechtsschutzersuchens durch eine einzige Gerichtsinstanz im Verfahren des Eilrechtsschutzes verengt.[285] Der aus dem Rechtsstaatsprinzip hergeleitete

[283] vgl. dazu oben S. 82, 92 f.
[284] vgl. dazu oben S. 92 f.
[285] so auch Willenbruch, a.a.O., S. 1063

Justizgewährleistungsanspruch verlangt jedoch nicht nur das Recht auf Zugang zu den staatlichen Gerichten, sondern auch eine grundsätzlich umfassende tatsächliche und rechtliche Prüfung des Streitgegenstandes sowie eine verbindliche Entscheidung durch den Richter, und nicht durch eine Behörde.[286]

Auch um diesen Bedenken schon im Ansatz zu begegnen, soll es im hier vorgeschlagenen gerichtlichen Verfahren und für dessen Dauer bei der aufschiebenden Wirkung des Rechtsmittels des Antragstellers verbleiben, ohne daß ein irgendwie geartetes Zwischenverfahren über die Vorabenteilung des Zuschlags vorgesehen wird. Soweit es dadurch zu gewissen Verzögerungen kommen mag, ist dies schlechthin ein Opfer, welches der Rechtsstaat erbringen muß. Daß dies nicht zum Untergang des öffentlichen Auftragswesens führen wird, erscheint mehr als gesichert.

4. Rechtsmittelberechtigung für das gerichtliche Antragsverfahren

a. Grundzüge der Rechtsmittelberechtigung

Den Antrag auf gerichtliche Entscheidung gegen den Beschluß der Nachprüfungsbehörde kann naturgemäß stellen, wer durch deren Entscheidung beschwert wurde, wobei hier wie im allgemeinen kartellrechtlichen Verfahren nach § 63 GWB eine formelle Beschwer genügt.[287] Demgemäß bereitet die Feststellung einer formellen Beschwer des Antragstellers im Nachprüfungsverfahrens oder des öffentlichen Auftraggebers, dem Antragsgegner, keine Schwierigkeiten. Was hingegen die Beschwer und damit die Rechtsmittelberechtigung der Hinzugezogenen angeht, so ergeben sich bei der hier bevorzugten Struktur der Hinzuziehungsentscheidungen[288] - im Gegensatz zu denjenigen nach 109 GWB - keine Besonderheiten, denn obligatorisch hinzugezogen werden nur diejenigen Mitbieter, die ei-

[286] BVerfG, Beschluß vom 12.02.1992 – 1 BvL 1/89 -, BVerfGE 85, 337, 345; vgl. dazu auch Dreher, Neugestaltung, a.a.O., S. 344
[287] vgl. Bechtold, a.a.O., § 63 RN 4 und § 116 RN 2
[288] vgl. dazu oben S. 88 ff.

nen darauf gerichteten, erfolgreichen Antrag bereits im behördlichen Vergabenachprüfungsverfahren gestellt haben. Da demgegenüber § 109 GWB den Kreis der möglichen Beteiligten weit zieht und § 116 Abs. 1 Satz 2 GWB die Beschwerdeberechtigung undifferenziert jedem eröffnet, der am Verfahren vor der Vergabekammer beteiligt war, entstehen dort Eingrenzungsschwierigkeiten im Hinblick auf die Zulässigkeit von Beschwerden der Hinzugezogenen.

b. Berücksichtigung der Besonderheiten der Nachprüfungsentscheidung

Sind hingegen nur diejenigen Dritten am behördlichen Verfahren beteiligt, die ein darauf gerichtetes Interesse dargelegt und begründet haben, nicht aber auch sonstige Mitbieter, deren Interesse irgendwie "schwerwiegend berührt" sein oder werden können, so beantwortet sich die Frage nach einer etwaigen Beschwer eines oder mehrerer Hinzugezogenen alleine nach dem Inhalt der Entscheidung der Nachprüfungsbehörde einerseits und den dabei durchgesetzten oder nicht durchgesetzten Interessen des Hinzugezogenen andererseits.[289] Das gilt unabhängig davon, ob diese im Nachprüfungsverfahren einen konkreten Antrag gestellt haben, denn aus dem Umstand, daß sie eine bestimmte Interessenlage im Vergabeverfahren verfolgen und hingezogenen wurden, ergibt sich bereits die Stoßrichtung der Verfahrensführung des Hinzugezogenen.

5. Antragsbehandlung vor dem Landgericht

a. Offensichtlich unzulässige oder offensichtlich unbegründete Anträge

Wie auch schon im Verfahren vor der Nachprüfungsbehörde[290], so muß auch im gerichtlichen Verfahren die Möglichkeit geschaffen werden, offensichtlich unzulässige oder offensichtlich unbegründete Anträge auf gerichtliche Entscheidung vorab und ohne weitere aufwendige Sachbehandlung auszuscheiden. Auch hier bietet

[289] vgl. dazu Gröning, Beschwerdeverfahren, a.a.O., S. 182
[290] vgl. dazu oben S. 91 f.

es sich an, daß das Gericht die Verfahrensbeteiligten schriftlich unter Hinzufügung der Gründe darauf hinweist, daß es beabsichtige, den Antrag als offensichtlich unzulässig oder offensichtlich unbegründet zurückzuweisen. Nach Ablauf einer vorzusehenden Stellungnahmefrist kann das Gericht dann unter Bezugnahme auf den Hinweisbeschluß eine Entscheidung treffen, ohne daß es gezwungen wird, sich nochmals intensiv mit dem Verfahren zu befassen.

b. Mündliche Verhandlung vor dem Landgericht

aa. Fakultative Durchführung einer (neuerlichen) mündlichen Verhandlung

Was eine neuerliche Erörterung der Streitsache in Gestalt einer mündlichen Verhandlung vor dem Landgericht anbetrifft, so soll die Durchführung einer solchen nunmehr in die freie Entscheidung des Gerichts gestellt werden. Durch die obligatorische mündliche Verhandlung im behördlichen Nachprüfungsverfahren[291] hatte der Antragsteller die für ihn sehr wichtige Gelegenheit, sein Begehren und die oftmals dahinter stehenden wirtschaftlichen Beweggründe auszuführen, so daß es zur Gewährung effektiven Rechtsschutzes nicht erforderlich erscheint, im gerichtlichen Verfahren erneut eine mündliche Verhandlung zwingend vorzusehen. Weder Art. 19 Abs. 4 GG noch Art. 103 Abs. 1 GG verlangen eine Mündlichkeit des gerichtlicher Verfahrens; das Rechtsgespräch des Gerichts mit den Beteiligten ist nicht verfassungsgeboten, wenn das Anhörungsrecht der Betroffenen im schriftlichen Verfahren gewahrt bleibt.[292] Tritt vielmehr das Beschleunigungsgebot, welches ebenfalls Gegenstand der Rechtsschutzgewährleistung nach Art. 19 Abs. 4 GG ist[293], in Zielkonflikt mit dem Gebot effektiven Rechtsschutzes und dem Anspruch auf rechtliches Gehör nach Art. 103 Abs. 1 GG, so kann sich der Gesetz-

[291] vgl. dazu oben S. 86
[292] vgl. BVerfG, Beschluß vom 22.06.1960 – 2 BvR 37/60 -, BVerfGE 11, 232, 234; 57, 272, 274; Schmidt-Aßmann in Maunz/Dürig/Herzog/Scholz, a.a.O., Art. 19 Abs. 4 RN 265
[293] vgl. dazu im einzelnen Schmidt-Aßmann in Maunz/Dürig/Herzog/Scholz, a.a.O., Art. 19 Abs. 4 RN 263

geber im Rahmen seiner Entscheidungsfreiheit ohne verfassungsrechtliche Bedenken für die Einschränkung des Mündlichkeitsprinzips entscheiden.[294]

bb. Berücksichtigung der Besonderheiten des Vergaberechtsschutzes

In diesem zuletzt angeführten Spannungsfeld zwischen der Gewährung effektiven Rechtsschutzes und damit insbesondere rechtlichen Gehörs einerseits und dem Beschleunigungsgebot andererseits bewegt sich indessen der beschriebene Vergaberechtsschutz, so daß es sinnvoll ist, im nunmehrigen gerichtlichen Verfahren eine mündliche Verhandlung der Streitsache nur dann vorzusehen, wenn das Gericht dies aus tatsächlichen oder rechtlichen Gründen im Einzelfall für geboten hält. Ein solcher Fall kann insbesondere dann angenommen werden, wenn das Gericht konkrete Möglichkeiten zur gütlichen Beilegung der Streitsache erkennt und die Beteiligten einem darauf gerichteten, vorgängigen schriftlichen Hinweis des Gerichts nicht widersprechen. Wenn also das Gericht nach Prüfung der Sach- und Rechtslage zu der Auffassung gelangt, die widerstreitenden Rechtsstandpunkte der Verfahrensbeteiligten mit einem bestimmten Vorschlag zur gütlichen Beilegung der Auseinandersetzung vereinigen oder befrieden zu können, so soll es diesen Vorschlag unverzüglich und in Anlehnung an § 106 VwGO den Beteiligten schriftlich unterbreiten, dies verbunden mit einer Fristsetzung zur abschließenden Stellungnahme, ob der Vergleichsvorschlag angenommen werde.

Geschieht dies nicht, zeigt sich aber gleichwohl, daß eine gütliche Beilegung der Streitsache greifbar ist, so soll das Gericht die Möglichkeit haben, unverzüglich einen Termin zu bestimmen.

[294] so Schmidt-Aßmann in Maunz/Dürig/Herzog/Scholz, a.a.O., Art. 19 Abs. 4 RN 265

c. Verzicht auf Amtsermittlung im gerichtlichen Verfahren

Entgegen den Konzeptionen der §§ 110 Abs. 1 S. 1 GWB betreffend das Verfahren vor der Vergabekammer und der §§ 120 Abs. 2 i. V. m. 70 Abs. 1 GWB betreffend das Beschwerdeverfahren soll vorliegend das Landgericht wie auch schon die Nachprüfungsbehörde nicht der Amtsermittlung unterworfen werden. Vielmehr bestimmt der Rechtsmittelführer mit seinem Antrag auf gerichtliche Entscheidung, den er uno actu begründen muß, den Umfang und den Inhalt der gerichtlichen Nachprüfung der vorangegangenen behördlichen Entscheidung. Hier wie dort soll aus Gründen der Verfahrensbeschleunigung davon abgesehen werden, die Nachprüfungsinstanz, so ihr im Verfahren andere als die geltend gemachten Rechtsverstöße auffallen, zu einer amtswegigen Beachtung solcher Fehlerquellen anzuhalten. Es ist vielmehr zumutbar, daß der Rechtsmittelführer mit seinem Rechtsschutzersuchen den Umfang der gerichtlichen Nachprüfung abschließend bestimmt.

Nur auf diese Weise kann das verhindert werden, was der Gesetzgeber letztlich mit den zahlreichen Fristen und Zwischenverfahren nach §§ 107 ff. GWB zu erreichen suchte, nämlich eine beschleunigte Abwicklung des gesamten Nachprüfungsverfahrens.

Der Amtsermittlungsgrundsatz ist ein typisch öffentlich-rechtliches Instrument der Verfahrensgestaltung und in § 70 Abs. 1 GWB, § 86 Abs. 1 VwGO bzw. in § 24 Abs. 1 VwVfG ausdrücklich kodifiziert. Soweit allerdings Beschleunigungsaspekte von Bedeutung sind, kennen auch die öffentlich-rechtlichen Verfahrensordnungen nicht wenige Abweichungen und Rückbesinnungen alleine auf das entsprechende Antrags- oder Rechtsmittelvorbringen. So ist etwa für das mit dem 6. VwGO-Änderungsgesetz eingeführte Berufungszulassungsverfahren nach § 124 a VwGO[295] anerkannt, daß das Berufungsgericht den Antrag auf Zulassung der Berufung gegen ein Urteil des Verwaltungsgerichts nur insoweit prüft, als in dem Zulassungsantrag Gründe aus dem Katalog des § 124 Abs. 2 VwGO konkret benannt und im

[295] Gesetz vom 01. November 1996, BGBl. I S. 1626

einzelnen dargelegt wurden. Eine amtswegige Nachsuche nach anderen als im Antrag explizit aufgeführten und erläuterten Zulassungsgründen findet trotz § 86 Abs. 1 VwGO durch das Berufungsgericht nicht statt.

Das Recht der Vergabenachprüfung ist aber nicht minder auf eine zügige Verfahrensdurchführung angewiesen, als dies für die soeben beispielhaft genannten Materien der Fall ist. Soweit sich der Gesetzgeber nun in den Gesetzesmaterialien gleichwohl für den Amtsermittlungsgrundsatz ausspricht, widerlegt er sich trefflich selbst. So hält er das öffentliche Interesse an der Rechtmäßigkeit des Vergabeverfahrens und die knappe Frist, innerhalb derer die Überprüfung der Sache zu erfolgen habe, für ausschlaggebend dafür, daß die Klärung des Sachverhalts von Amts wegen erfolgen müsse.[296] In der Praxis, so heißt es weiter, werde sich die Kammer (gemeint ist die Vergabekammer) „aber im Interesse eines zügigen Verfahrens und der Effizienz ihrer Arbeit in aller Regel auf die Prüfung der vorliegenden Anträge und der vorgetragenen Beanstandungen beschränken".[297]

Diese Konzeption ist in sich widersprüchlich und wegen des im Vordergrund stehenden Antrags- und Begründungsvorbringens des Antragstellers dadurch widerspruchsfrei aufzulösen, daß man eben im Interesse eines zügigen Verfahrens von der Offizialmaxime Abstand nimmt, wenn auch nicht in Gestalt einer rein zivilprozessualen Alternativlösung.

Der Ausschluß einer amtswegigen Nachsuche nach Anfechtungsgründen bzw. die Überantwortung der Umgrenzung des Prozeßstoffes auf den Rechtssuchenden begegnet insbesondere auch keinen verfassungsrechtlichen Bedenken, soweit dadurch die Rechtsschutzgarantie des Art. 19 Abs. 4 GG sowie der Anspruch auf rechtliches Gehör nach Art. 103 Abs. 1 GG in der Durchsetzung nicht unzumutbar beeinträchtigt werden.[298] Gerade deshalb und unter diesen Voraussetzungen durfte der Gesetzgeber im Rahmen seiner Gestaltungsfreiheiten für das einfache Prozeßrecht rechtsschutzverengende Vorschriften etwa nach Art des § 124 a Abs. 1

[296] so ausdrücklich in der Gesetzesbegründung nach BT-Drucksache 13/9340, S. 18
[297] so BT-Drucksache 13/9340, S. 18
[298] vgl. dazu Schmidt-Aßmann in Maunz/Dürig/Herzog/Scholz, a.a.O., Art. 19 Abs. 4 RN 220, 221

S. 4 VwGO vorsehen. Diese Erkenntnisse sollen auch das hier konzipierte gerichtliche Verfahren mit dem Ziel einer Beschleunigung anleiten.

d. Verfahrensgestaltung im übrigen

Im übrigen Verfahren müssen keine von den prozeßrechtlichen Regelungen der ZPO abweichende Vorkehrungen getroffen werden. Soweit dies in 116 ff. GWB für das Beschwerdeverfahren der Fall ist, resultiert dies daraus, daß die dort vorgesehenen Eilrechtsschutzverfahren nach §§ 118 und 121 GWB solche Besonderheiten verlangen. Soweit außerdem § 115 Abs. 2 Satz 2 GWB das Beschwerdegericht dazu zwingt, über eine Beschwerde gegen die Vorabgestattung des Zuschlags de facto innerhalb einer Frist von zwei Wochen zu entscheiden, wird bereits vertreten, daß das Gericht das Verbot des Zuschlags zunächst für eine weitere Zwischenfrist bis zu einer endgültigen Entscheidung im Vorabverfahren wiederherstellen kann.[299] Damit wird ein Zwischenverfahren im Zwischenverfahren geschaffen, was Zeugnis dafür ist, daß die an überaus enge Fristenvorgaben gebundenen Zwischen- und Vorabentscheidungsverfahren in §§ 107 ff. GWB vor dem Hintergrund einer rechtsstaatlichen Rechtsschutzgewährung wenig sinnvoll erscheinen, zumal die Regelungen nicht selten zulasten des Antragstellers konzipiert sind.[300]

Um das Verfahren mit diesen mehr hinderlichen als der Sache nach förderlichen Zwangsvorgaben nicht zu belasten, soll es bei den üblichen Regelungen der ZPO verbleiben, die dem verantwortungsbewußten Richter ausreichend Handhabe geben, dem Verfahren die in der Sache gebotene Beschleunigung zuteil werden zu lassen. Soweit das Gesetzgebungsverfahren zu §§ 97 ff. GWB namentlich im Hinblick auf das Beschwerdeverfahren vor den Oberlandesgerichten von der ausdrücklichen Sorge getragen war, das gerichtliche Verfahren könnte zu viel Zeit in

[299] vgl. Gröning, Beschwerdeverfahren, a.a.O., S. 184; Willenbruch, a.a.O., S. 1065
[300] vgl. zu den Einzelheiten Gröning, Beschwerdeverfahren, a.a.O., S. 181 ff., Willlenbruch, a.a.O., S. 1065

Anspruch nehmen[301], so liegt darin ein durch nichts zu rechtfertigendes Mißtrauen gegenüber dem Verantwortungsbewußtsein der dritten Gewalt für eine beschleunigte Verfahrensbetreibung. Es erscheint nicht ansatzweise geboten, dies im hier vorgeschlagenen Verfahren zu wiederholen oder zu vertiefen.

6. Die Beteiligten am gerichtlichen Verfahren

§ 119 GWB hat für die Beteiligung am Beschwerdeverfahren vor dem Oberlandesgericht die einfache Regelung vorgesehen, daß sich die Beteiligung am gerichtlichen Verfahren mit derjenigen im vorangegangenen behördlichen Nachprüfungsverfahren deckt. Das erfolgt in Anlehnung an § 67 Abs. 1 GWB betreffend das allgemeine Kartellverwaltungsverfahren. Da nach der hier gewählten Konzeption der Kreis der am behördlichen Nachprüfungsverfahren Beteiligten bereits enger gezogen ist, als dies § 109 GWB für das Nachprüfungsverfahren vor den Vergabekammern vorsieht, bedarf es keiner weiteren Einschränkungen für die Beteiligungen am gerichtlichen Verfahren. Soweit ein Hinzugezogener nunmehr gegen seinen Willen am Beschwerdeverfahren teilnehmen muß, so ist ihm bei der Verteilung der Kosten entsprechend entgegenzukommen. Insbesondere ist vorzusehen, daß er sich nur dann anwaltlich vertreten lassen muß, wenn er einen Sachantrag stellen will.[302]

[301] vgl. BT-Drucksache 13/9340, S. 21, dort die Erläuterungen zu § 121 GWB (= § 131 der Entwurfsfassung) betreffend die Vorabentscheidung über den Zuschlag

[302] vgl. etwa § 222 Abs. 3 Satz 2 BauGB im Antragsverfahren auf gerichtliche Entscheidung in Baulandsachen

7. Die Sachentscheidung des Landgerichts

a. Entscheidung über offensichtlich unzulässige oder offensichtlich unbegründete Anträge

Bereits dargestellt wurde[303], daß das Landgericht die einfache Möglichkeit haben muß, über offensichtlich unzulässige oder offensichtlich unbegründete Anträge alleine nach Lage der Akten ohne mündliche Verhandlung entscheiden zu können. Dieser Fall weist keine erläuterungsbedürftigen Besonderheiten auf.

b. Entscheidungen in den übrigen Fällen

Erachtet hingegen das Landgericht den Antrag nach Durchführung des Verfahrens und nach etwaiger mündlicher Verhandlung als unzulässig oder als unbegründet, so weist es ihn durch Urteil zurück und entscheidet zugleich über die Kosten. Mit der Zustellung dieser Entscheidung, die nur ausnahmsweise einem weiterem Verfahren zum Oberlandesgericht zugänglich gemacht werden soll[304], endet zugleich die aufschiebende Wirkung des Nachprüfungsantrags bzw. des Rechtsmittels mit der Folge, daß nunmehr der Zuschlag erteilt und das Vergabeverfahren auch insoweit seinen Fortgang nehmen kann. Davon soll alleine dann eine Ausnahme zu machen sein, wenn das Landgericht, wie noch dargestellt wird, zwar den Antrag zurückweist, gleichwohl aber ausnahmsweise den Weg zum Oberlandesgericht eröffnet. In diesem Fall soll das Landgericht unter Abwägung der Interessen des Rechtsmittelführers an der Fortdauer der aufschiebenden Wirkung seines Nachprüfungsersuchens einerseits gegenüber den vorhabensbezogenen öffentlichen Interessen des Auftraggebers an der unverzüglichen Fortführung des Vergabeverfahrens andererseits anordnen, ob die aufschiebende Wirkung weiter fortdauern soll.

[303] vgl. oben S. 110 f.
[304] vgl. dazu unten Gliederungspunkt II., S. 120

Hält indessen das Landgericht das Rechtsmittel in der Sache für begründet, so trifft es in dieser Erkenntnis eine eigene Sachentscheidung. Dabei wird es dem Gericht ermöglicht, entsprechend der Regelung für die Vergabekammer in § 114 Abs. 1 Satz 1 GWB geeignete Vorkehrungen zu treffen, um die Rechtsverletzung des Rechtsmittelführers zu beenden oder eine weitere Vertiefung zu verhindern. Es widerspricht hingegen dem Gebot eines effektiven Vergaberechtsschutzes, wenn das Landgericht entsprechend der Regelung des § 123 Satz 2 GWB für das Beschwerdegericht ermächtigt wird, die Entscheidung der Nachprüfungsbehörde aufzuheben und deren Verpflichtung auszusprechen, unter Berücksichtigung der Rechtsauffassung des Gerichts erneut über die Sache zu entscheiden. Einen solchen Bescheidungstenor kann sich § 123 Satz 2 GWB deshalb leisten, weil die Sachentscheidung in Gestalt der Gestattung oder Nichtgestattung des Zuschlags sehr häufig schon vor der eigentlichen Beschwerdeentscheidung in einem der Zwischenverfahren getroffen worden sein dürfte.

Im hier konzipierten Modell wird jedoch gerade davon Abstand genommen, die aufschiebende Wirkung des Rechtsmittels vor einer Sachentscheidung des Landgerichts enden zu lassen, woraus zu folgern ist, daß das Landgericht sodann auch in der Sache selbst ohne die Möglichkeit einer Zurückverweisung entscheiden muß.

Im übrigen ist die Verpflichtung zur erneuten Entscheidung in der Sache gegenüber der Nachprüfungsbehörde, wie sie derzeit § 123 Satz 1 GWB vorsieht, nicht wiederum selbst mit einer Befristung verbunden. Das ist reichlich inkonsequent, was, wie bereits angemerkt, sich nur vor dem Hintergrund versteht, daß es bei der Vielzahl der Beschwerdeentscheidungen der Oberlandesgerichte in der Hauptsache nur noch um Feststellungsentscheidungen gehen dürfte. Die damit zwangsläufige Verlagerung des Rechtsschutzes auf das Eilverfahren wurde bereits problematisiert.[305]

[305] vgl. oben S. 85 f.

8. Die Kostenverteilung für das gerichtliche Verfahren

Der Gesetzgeber hat es für das Beschwerdeverfahren nach § 116 ff. GWB aus nicht ganz nachvollziehbaren Gründen unterlassen, darauf gerichtete und gesonderte Kostenregelungen zu treffen, so daß auf dem Fuße Auseinandersetzungen in Rechtsprechung und Literatur dahingehend nachgefolgt sind, ob die Kostenregelung des § 128 GWB für das Verfahren vor der Vergabekammer analog heranzuziehen sind, ob § 78 GWB betreffend die Kostenregelungen für die sofortige Beschwerde im Kartellbeschwerdeverfahren analog gilt, ob Vorschriften aus der VwGO zu bemühen sind oder ob schlechthin §§ 91 ff. ZPO (analog) gelten.[306]

Eine solche Situation ist im Interesse aller Verfahrensbeteiligten und aufgrund der Berechenbarkeit eines Verfahrens respektive der damit mutmaßlich verbundenen Kosten zu vermeiden. Da hier davon ausgegangen wird, daß das Verfahren vor dem Landgericht zivilprozessualen Vorgaben folgt, gilt dies auch für die Regelungen über die Kostentragungspflichten nach §§ 91 ff. ZPO. Darauf kann also verwiesen werden, wobei de lege ferenda eine klarstellende Regelung für den – nicht gegebenen - Kostenerstattungsanspruch der Beigeladenen aufgenommen werden muß. Hier sollte klargestellt werden, daß wegen der erheblichen prohibitiven Wirkung eine umfassende Kostentragungspflicht des im gerichtlichen Verfahren Unterlegenen gegenüber den Hinzugezogenen ausgeschlossen ist.[307] Wegen der regelmäßig hohen Gegenstandswerte wäre ansonsten das Nachsuchen um gerichtlichen Rechtsschutz mit einem großen Kostenrisiko verbunden, was nicht selten dazu führen wird, daß von der rechtsförmlichen Verfolgung bestehender Rechte just aus diesem Grunde Abstand genommen wird. Jedenfalls zeigt die vergaberechtliche Beratungspraxis, daß nicht wenige Antragsteller bereits dasjenige Kostenrisiko scheuen, welches sich in Anwendung der klassischen Kostentragungsregelungen ergibt, dies also bezogen auf die Gerichtskosten, die Kosten des öffentlichen Auftraggebers sowie die eigenen Rechtsanwaltskosten.

[306] vgl. dazu BayObLG, Beschluß vom 21. Mai 1999 –Verg 1/99-, NVwZ 1999, 1138, 1142; OLG Celle, Beschluß vom 20.10.1999 – 13 Verg 3/99 und 4/99 -, Europa kompakt 1999, S. 184; Bechtold, a.a.O., § 123 RN 2; Gröning, Beschwerdeverfahren, a.a.O., S. 185 f.

[307] so auch die Überlegungen von Gröning, Beschwerdeverfahren, a.a.O., S. 185

II. Weiteres Rechtsmittel gegen die Entscheidung des Landgerichts

1. Erfordernis eines weiteren Rechtsmittels

Die vorgeschlagene Befassung der Rechnungshöfe mit Verfahren der Vergabenachprüfung sowie die daran sich anschließende gerichtliche Kontrolle durch die Landgerichte weicht ganz bewußt und mit konstruktiver Zielrichtung von der Wegen ab, die §§ 97 ff. GWB für die Schwellenwertaufträge gehen. Die dafür maßgeblichen Überlegungen sind bei der Darstellung der beiden Verfahrenszüge zum Ausdruck gekommen. Daß damit ein Rechtsschutzsystem favorisiert wird, welches für Aufträge unterhalb der EU-Auftragsschwellenwerte von demjenigen der §§ 97 ff. GWB abweicht, wird wegen der Vorzüge, die das hier vorgeschlagene Verfahren gegenüber demjenigen des sogenannten Kartellvergaberechts hat, in Kauf genommen, führt doch der aktuell gegebene Rechtszustand zu einem Zweiklassensystem im Rechtsschutz und insbesondere dazu, daß den "kleinen" Auftraggebern des Mittelstandes kein effektiver Vergaberechtsschutz zur Verfügung steht.

Naturgemäß kann und wird diese Konzeption dazu führen, daß Entscheidungen der Landgerichte in Vergabesachen von denjenigen der Oberlandesgerichte abweichen werden. Zur Sicherung der Einheitlichkeit der Rechtsprechung erscheint es daher sinnvoll, exakt für diesen Ausnahmefall eine Befassung des jeweils übergeordneten Oberlandesgerichts, dort des Senates für Vergabesachen (§ 116 Abs. 3 Satz 2 GWB), vorzusehen, dies allerdings alleine in Gestalt einer reinen Rechtsprüfung ohne die Eröffnung einer neuerlichen Tatsacheninstanz. Deshalb kann dieses Rechtsmittel auch nicht als klassisches Berufungsverfahren nach §§ 511 ff. ZPO ausgestaltet werden.

2. Strukturen eines Rechtsmittelverfahrens vor dem Oberlandesgericht

Anlehnen kann sich das vorzusehende Rechtsmittelverfahren vor dem Oberlandesgericht allerdings an § 511 a Abs. 2 ZPO und dem dort geregelten Verfahren des sogenannten Rechtsentscheids in Mietsachen. Danach findet bei Streitigkeiten über Ansprüche aus einem Mietverhältnis über Wohnraum oder über den Bestand eines solchen Mietverhältnisses die Berufung auch dann statt, wenn zwar die Berufungssumme nach § 511 a Abs. 1 ZPO nicht erreicht wird, das Amtsgericht jedoch in einer Rechtsfrage von einer Entscheidung eines Oberlandesgerichts oder des Bundesgerichtshofs abgewichen ist und die Entscheidung auf der Abweichung beruht.[308]

Lehnt man sich daran an, so ist daran zu denken, das Rechtsmittel gegen das Urteil des Landgerichts nur dann zuzulassen, wenn das Landgericht alleine in einer Rechtsfrage von einer Entscheidung eines Oberlandesgerichts oder des Bundesgerichtshofs, der möglicherweise mit dieser Rechtsfrage über § 124 Abs. 2 GWB bereits befaßt wurde, abgewichen ist und die Entscheidung auf dieser Abweichung beruht.

Verbindet man eine solche Regelung weiter damit, daß das Rechtsmittel aus diesem Grunde durch das Landgericht zugelassen werden muß, wie dies § 73 Abs. 1 GWB für die Rechtsbeschwerde an den Bundesgerichtshof gegen den Beschluß eines Oberlandesgerichts vorsieht, so müßte konsequenterweise auch die Möglichkeit einer Nichtzulassungsbeschwerde nach Maßgabe des § 74 GWB eröffnet werden. Da damit jedoch das im übrigen sehr komprimierte Verfahren eine Verschachtelung im Rechtsmittelzug erfahren würde, ist es zielführender, daß das Überschreiten der Schwelle zur ausnahmsweisen Zulässigkeit des Rechtsmittels zum Oberlandesgericht aus den dargestellten Gründen in die Verantwortung des Rechtsmittelführers übertragen wird. Wenn er also nach einer Entscheidung des Landgerichts der Auffassung ist, dieses sei in einer Rechtsfrage von obergerichtlicher oder höchstrichterlicher Rechtsprechung abgewichen, und auf dieser Abweichung beruhe die konkret getroffene Entscheidung, so muß er dies im Rechtsmittelverfahren im einzelnen dartun. Gelingt ihm dies nicht und erweist sich vor diesem Hintergrund das Rechtsmittel als unzulässig, so kann das Oberlandesgericht dieses sogleich als unzulässig verwerfen, ohne daß es der Durchführung einer mündlichen Verhandlung bedarf; vgl. etwa § 519 b ZPO. Im übrigen, soweit

[308] vgl. zu den Einzelheiten Gummer in: Zöller, a.a.O., § 511 a RN 27

also das Rechtsmittel statthaft und auch im übrigen zulässigerweise eingelegt wurde, findet ein Verfahren vor dem Vergabesenat des Oberlandesgerichts statt, ohne daß nach dessen Entscheidung noch eine Befassung des Bundesgerichtshofs vorzusehen ist.

Mit einer solchen sachlich eng umgrenzten Rechtsmittelmöglichkeit kann der größten Gefahr des hier konzipierten Nachprüfungsverfahrens, der Divergenz zu den Entscheidungen der Vergabekammern respektive der Oberlandesgerichte, begegnet werden, ohne daß es erforderlich wäre, das System des Rechtsschutzes bei Auftragsvergaben unterhalb der EU-Auftragsschwellenwerte zwingend den Regelungen der §§ 97 ff. GWB unterwerfen zu müssen.

Achter Teil:
Zusammenfassung und Thesen

Die angestellten Überlegungen für die Anerkennung subjektiver Rechte auch im Auftragsbereich unterhalb der EU-Auftragsschwellenwerte und die sich daran anschließenden Vorschläge für ein Verfahren zur Durchsetzung dieser Rechte führen zu folgenden abschließenden Thesen, die als kritische Betrachtung des Bestehenden und als konstruktive Ansätze für Zukünftiges verstanden werden wollen und zugleich die Ergebnisse der vorliegenden Untersuchungen zusammenfassen:

1. Die gegenwärtige Ausgestaltung des nationalen Vergaberechtsschutzes schafft ein Zweiklassensystem für Aufträge bis und ab dem Erreichen der EU-Auftragsschwellenwerte. Ab dem Erreichen der Schwellenwerte wird dem Wettbewerber um einen öffentlichen Auftrag ein kodifiziertes Rechtsschutzverfahren eröffnet, welches davon ausgeht, daß dem Bieter subjektive Rechte im Vergabeverfahren zustehen.

2. Unterhalb der EU-Auftragsschwellenwerte und damit in weiten Bereichen der sehr bedeutsamen mittelständischen Wirtschaft werden hingegen den Wettbewerbern keine subjektiven Vergaberechte zuerkannt, so daß dort auch kein spezifiziertes förmliches Rechtsschutzsystem zur Verfügung steht.

3. Die damit verbundene Diskriminierung der betroffenen Auftragnehmer begegnet bei gleichzeitigen zahlreichen dogmatischen Brüchen im neu geformten „Schwellenwertrechtsschutz“ nicht unerheblichen verfassungsrechtlichen Bedenken.

4. Deshalb ist auch für den wirtschaftlich sehr bedeutsamen Auftragsbereich unterhalb der EU-Auftragsschwellenwerte die Anerkennung subjektiver Rechte der Wettbewerbsteilnehmer vorzusehen und ein damit korrespondierendes, spezifisches Rechtsschutzsystem zu entwickeln, welches sich

zwar an die Regelungen der §§ 97 ff. GWB anlehnt, diese jedoch nicht blind übernimmt. Vielmehr ist ein eigenständiges Nachprüfungsverfahren vorzusehen, welches den Besonderheiten dieses Marktsegmentes Rechnung trägt und einen im Vergleich mit den Regelungen der §§ 97 ff. GWB effektiveren, gleichwohl aber weniger verfahrensaufwendigen Rechtsschutz gewährt.

5. Mit diesem Verfahren sollen außergerichtlich die Rechnungshöfe des Bundes und der Länder betraut werden, denn diese verfügen anerkanntermaßen über großen Sachverstand namentlich im Bereich der öffentlichen Auftragsvergabe, da diese Materie historisch deren gesetzlichen Prüfungsaufgaben unterfällt. Die Nachprüfungsfunktion der Rechnungshöfe im Vergaberecht ist dabei organisatorisch so sicherzustellen, daß deren Unabhängigkeit für die klassischen Aufgaben der Rechnungsprüfung nicht berührt wird.

6. Der Standort des neuen behördlichen Nachprüfungsverfahrens für öffentliche Aufträge unterhalb der EU-Auftragsschwellenwerte soll im bestehenden System des GWB, dort nach § 129 GWB, vorgesehen werden. Die vergaberechtliche Praxis muß noch erweisen, ob es künftig sinnvoll ist, das gesamte Vergaberecht sowohl unterhalb als auch oberhalb der EU-Auftragsschwellenwerte materiell wie in den Verfahrenszügen in einem einheitlichen Vergabegesetz zu kodifizieren.

7. Da die Anerkennung subjektiver Rechte auch im Auftragsbereich unterhalb der EU-Auftragsschwellenwerte kraft Verfassungsrecht notwendigerweise die Eröffnung eines abschließenden gerichtlichen Rechtsschutzes verlangt, soll die Nachprüfung der Entscheidungen der Rechnungshöfe den Landgerichten, dort den Kammern für Handelssachen, übertragen werden. Dabei ist aus Gründen effektiver Verfahrensausgestaltung von dem Zwischenschalten eines oder mehrerer Eilverfahren über die Voraberteilung des Zuschlags oder die Aufrechterhaltung der aufschiebenden Wirkung des Nachprüfungsersuchens abzusehen.

8. Zur Vermeidung von Divergenzentscheidungen soll ausnahmsweise auf die Entscheidung des Landgerichts das übergeordnete Oberlandesgericht angerufen werden können.

Gerhard Ring (Hrsg.)

Freiberger Symposium zum Gewerblichen Rechtsschutz

Tagungsband des 2. Freiberger Seminars zur Praxis des Gewerblichen Rechtsschutzes

Frankfurt/M., Berlin, Bern, Bruxelles, New York, Oxford, Wien, 2000.
XIII, 106 S., 4 Abb.
Schriften zur Praxis des Gewerblichen Rechtsschutzes.
Herausgegeben von Gerhard Ring. Bd. 1
ISBN 3-631-36440-7 · br. DM 45.–*

In einer Einführung erfolgt zunächst eine praxisorientierte Einführung in die Grundzüge des Gewerblichen Rechtsschutzes. Dabei werden insbesondere die Strukturen des Patent- sowie des Markenrechts aufgezeigt. Dieser theoretische Überblick wird ergänzt durch praktische Beispiele aus der aktuellen Rechtsprechung des Bundespatentgerichts und des Bundesgerichtshofs. Aus der Sicht der Industrie erfolgt eine Darstellung der strategischen Überlegungen und Kriterien, die einer Anmeldung gewerblicher Schutzrechte in der Praxis vorangehen.

Aus dem Inhalt: Erich R. Franke: Kriterien für die Anmeldung von Schutzrechten aus der Sicht der Industrie · Marianne Grabrucker: Aktuelle Entwicklungen in der Rechtsprechung zum Markenrecht · Wilfried Anders: Neue Entwicklungen in der Rechtsprechung zum Patentrecht · Horst Götting: Einführung in die Grundlagen des Patentrechts · Gerhard Ring: Einführung in das Markenrecht

FSC
www.fsc.org
MIX
Papier | Fördert gute Waldnutzung
FSC® C083411

Kolibri 360 GmbH
Ferdinand-Jühlke-Straße 7
99095 Erfurt, Deutschland
produktsicherheit@kolibri360.de

Druck:
CPI Druckdienstleistungen GmbH
im Auftrag der
Kolibri 360 GmbH
Ferdinand-Jühlke-Str. 7
99095 Erfurt